»Unter Palmen aus Stahl« im Unterricht

INHALTSANGABE

u.1

Hamburg-Eimsbüttel, 2017. Dominik Bloh sitzt in seiner Wohnung und beginnt seine Lebensgeschichte aufzuschreiben. Er erinnert sich an das Jahr 2005, als ihn seine Mutter vor die Tür setzt und sein Leben als Straßenjunge beginnt.

Neu-Ulm, 1988. Bloh kommt am 24. Juni zur Welt, sein Halbbruder zwei Jahre später. Sie ziehen innerhalb der Stadt um, 1994 nach Vöhringen und 1996 nach Neu-Lankau. Von dort fährt Bloh mit dem Bus zur Grundschule in Nusse und mit der Familie zu den Zeugen Jehovas in Ratzeburg. Er wird von seinem Stiefvater geschlagen und begleitet ihn zu seinen Liebschaften.

Hamburg-Winterhude, 1998. Blohs Mutter verschwindet ein halbes Jahr lang, bevor sie ihre Söhne in die Hansestadt nachholt. Bloh kommt erst auf die Alsterdorfer Grundschule, dann auf die Heinrich-Hertz-Realschule. Er schreibt sehr gute Noten und spielt sehr gut Fußball. Seine Mutter erkrankt und wird in die Psychiatrie des Universitätsklinikums Eppendorf eingewiesen.

Bloh kommt immer öfter zu spät zur Schule. Er klaut Geld von seiner Mutter und CDs in Elektromärkten, gründet eine Gang. Auf den Stellen seiner Neurodermitis lässt Bloh sich Tattoos stechen. Er entwendet seinem Stiefvater Gras und startet als Dealer durch, bis ihn die Polizei aufs Polizeipräsidium in Alsterdorf mitnimmt. Nach der Heinrich-Hertz-Schule fliegt Bloh auch von der Meerwein-Schule.

Hamburg-ALsterdorf, 2003. Bloh zieht zu seinem Stiefvater in die Saarlandstraße, von wo er täglich zur Sengelmannschule in Alsterdorf pendelt. Immer wieder wird er geschlagen, bis er 2003 zu seinen Großeltern nach Vöhringen zurückkehrt und auf die Uli-Wieland-Hauptschule geht. Über eine Klassenfahrt nach Berlin und ein Basketball-Turnier findet er langsam Anschluss.

Bloh schafft den Hauptschulabschluss auch dank seines Großvaters. Seine Großmutter erkrankt indes an Krebs und wird im Krankenhaus in Memmingen behandelt; sie stirbt nach einem Urlaub in Müritz am 10. Oktober 2004. Bloh zieht wieder bei seiner Mutter ein und wechselt auf die Fraenkelschule in Barmbek. Am 5. Februar 2005 findet er sich unvermittelt auf der Straße wieder.

Bloh sucht erst in der Fuhlsbüttler Straße, dann im Stadtpark einen Schlafplatz. Schließlich darf er für zwei Wochen in einem Gartenhaus im Schrebergarten in Alsterdorf bleiben. Die Tage verbringt er immer gleich mit Schule, Essen bei Freunden, Waschen im Schwimmbad, Basketballspielen, Herumfahren mit der S-Bahn, Essen bei McDonald's am Hauptbahnhof, Herumfahren mit dem Nachtbus, Aufwärmen in Waschsalons und Zähneputzen wieder in der Schule. Bei Freunden und Bekannten fühlt sich Bloh zunehmend fehl am Platz.

Hamburg-Wilhelmsburg, 2006. Bloh kann nicht im Heim in der Feuerbergstraße bleiben. Er beantragt Hilfe vom Staat und kommt erst in einer betreuten Wohngruppe unter, 2006 dann in einer verfallenen Wohnung in der Bekassinenau. Von dort aus pendelt er zur W4-Gesundheitsschule in Wilhelmsburg und macht den Realschulabschluss.

Hamburg-Eimsbüttel, 2008. Bloh zieht in eine WG im Weckmannweg 9 und nimmt einen Job beim Sicherheitsdienst an, verschuldet sich aber immer mehr und fliegt schließlich aus der Wohnung. Er findet eine andere WG in der Steilshooper Straße 221, verliert jetzt aber seinen Job und muss erneut ausziehen, kann jedoch kurzzeitig in einem anderen Zimmer unterschlüpfen.

Bloh schafft das Abitur, beginnt Flaschen zu sammeln und in einer Spielhalle zu arbeiten. 2011 wird er Türsteher der »Roten Laterne« am Hans-Albers-Platz und steigt rasch auf, verlässt den Kiez jedoch vorm Totalabsturz. Er gerät in die Mühlen der Bürokratie und läuft endlos durch die Stadt. Bloh kämpft mit der Kälte, bettelt um Geld, ernährt sich von Abfall und erlebt Gewalt gegenüber Obdachlosen. Der neuerliche Winter setzt ihm dermaßen zu, dass er im

Schlafcontainer des Winternotprogramms schließlich ohnmächtig wird ...

In seiner Autobiografie »Unter Palmen aus Stahl« gelingt dem Autor Dominik Bloh die schonungslose Beschreibung eines Lebens auf der Straße: Wie er dort landete, was er dort erlebte, wie er von dort entkam – nicht ohne schmerzhafte Reflexionen darüber anzustellen, wie es, mit Blick auf Obdachlosigkeit und Obdachlose, um den Sozialstaat Deutschland und die deutsche Gesellschaft bestellt ist. Kurze chronologische, dann wieder thematische Einträge wechseln sich spannungsvoll ab und lassen die jugendlichen Leser_innen hautnah miterleben, wie es sich anfühlt, ganz unten angekommen zu sein und doch den Mut nicht zu verlieren.

u.2 DIDAKTISCHES PROFIL DES ROMANS

Wie jeder andere Unterricht auch muss die Behandlung eines Jugendbuchs einerseits an die Lernvoraussetzungen der Schüler_innen anknüpfen und damit assimilative Aspekte bieten, andererseits auch zusätzliche Anforderungen an das Verstehen stellen. Das didaktische Potenzial des Buchs als Unterrichtslektüre liegt damit in der Verknüpfung von vertrauten, assimilativen und eher neuen, akkomodativen Aspekten. Vertraute Charakteristika des Textes sorgen dafür, dass die Schüler_innen von sich aus einen Zugang zum Text finden können und dass Anknüpfungsmöglichkeiten für eine eigene Textdeutung vorhanden sind (Assimilation). Dieser Aspekt betrifft das lesefördernde Potenzial. Neue, zusätzliche Anforderungen, die der Text an ein Verstehen der Schüler_innen stellt, betreffen eher den Bereich des literarischen Lernens. Im Überblick lässt sich das didaktische Profil von »Unter Palmen aus Stahl« folgendermaßen darstellen:

Dimension des Textes	Das Vertraute: Möglichkeit zur Assimilation (Leseförderung)	Das Neue: Notwendigkeit zur Akkomodation (literarisches Lernen)
Wirklichkeitsbezug	▶ Reale Lebensgeschichte	▶ Schauplätze (v.a. Hamburg)
Thematik	▶ Familie	▶ Familienkonflikte ▶ Obdachlosigkeit ▶ Sozialkritik
Figuren	▶ Positive Identifikationsangebote für Mädchen und Jungen v.a. durch die Großeltern und die Helfer ▶ Negative Identifikationsangebote v.a. durch die Eltern	▶ Umgang mit ambivalenten Figuren, v.a. dem Protagonisten, Freunden, Lehrern
Sprache/Stil	▶ Intertextuelle Bezüge (Hip-Hop) ▶ Spannung ▶ Stilmittel	▶ Motiv der unbekannten Herkunft, der Stadt ▶ Schreiben übers Schreiben (Metapoetik)
Literarische Formelemente/ Erzählkonzept	▶ Autobiografie ▶ Kapitel, Unterkapitel ▶ Ich-Erzähler	▶ Paratext ▶ Textsorten ▶ Evtl. Rahmenhandlung/Binnenerzählung (Analepse) ▶ Evtl. Wir-Erzähler (Nachwort)

Die Übersicht verdeutlicht die gelungene Mischung aus leseförderndem Potenzial und Notwendigkeiten zur Akkomodation bestehender Verstehensschemata. Besonders geeignet ist »Unter Palmen aus Stahl« für die Klassenstufen 8 bis 10. Die Stärke des Buchs als Unterrichtslektüre liegt inhaltlich im jugendnahen Thema der Familie, wobei die Figuren vielfältige Identifikationsangebote für Schüler_innen bieten. Formal überzeugt das Buch als reale Lebensgeschichte, wobei der große Spannungsbogen die Leser_innen in seinen Bann zieht. Sprachlich interessant macht das Buch die Verwendung von intertextuellen Bezügen und unterschiedlichen Textsorten, wobei die Einteilung in drei große Kapitel mit vielen kürzeren Unterkapiteln leseungewohnten Schüler_innen entgegenkommt und eine gleichzeitig chronologische wie problemorientierte Vorgehensweise erlaubt, die sich über Paratext, Seite 12 bis 16, Kapitel 1, Kapitel 2 und Kapitel 3 an das ganze Buch herantastet.

LITERARISCHES PROFIL DES ROMANS

Themen

In einem ersten Schritt (besonders in Kapitel 1) beschäftigt sich die Autobiografie mit *Familienkonflikten;* »[i]ch habe erst später verstanden, dass wir jeden Cent schubsen mussten, um unser Leben zu finanzieren« (S. 34). Blohs leiblicher Vater stammt aus dem griechischen Teil Zyperns. Seinen Namen weiß er nicht mehr, sein Aussehen kennt er nicht, seine dunkle Stimme hat er nur einmal Englisch sprechen hören (S. 76). Dieser Vater macht sich noch während der Schwangerschaft aus dem Staub (S. 15); »[m]eine Mutter hat nie von ihm geredet, niemand tat das. Eine Hälfte von mir fehlt komplett und hat nie in meinem Leben existiert« (S. 76). Bloh wächst mit einem Stiefvater auf, von dem er seinen Namen erhält und mit dem er sich lange nicht identifizieren kann (S. 20). Der Stiefvater ist nicht oft zu Hause (S. 16), streitet sonst aber mit Blohs Mutter (S. 16) und macht Blohs Bruder krank (S. 38), ist im Besitz von Rauschmitteln (S. 45), lässt seinen Stiefsohn hungrig auf einem Dachboden schlafen (S. 19), nimmt ihn mit zu seinen Geliebten (S. 25) und schlägt ihn mit der Hand wie auch mit Gegenständen (S. 26), bis Bloh zurückschlägt (S. 52); »[i]ch hasse diesen Mann bis heute, obwohl ich vor vielen Jahren jeden Kontakt zu ihm abbrach« (S. 9).

Blohs Mutter, die selbst ein schwieriges Verhältnis zu ihren Eltern hat (S. 16), wird mit 18 Jahren schwanger. Sie legt ihren Sohn ebenfalls übers Knie (S. 26), ist ein halbes Jahr verschwunden (S. 28), verbietet Bloh das Fußballspielen (S. 34), lässt ihn von Psychologen untersuchen (S. 34), bis diese das Problem aufseiten der Mutter sehen (S. 35), stürzt sich in Arbeit und in den Alkohol (S. 36), verschließt Bloh die Küche und verbarrikadiert sich im Zimmer (S. 37), beginnt sich zu ritzen und kommt in die Psychiatrie (S. 38); »Borderline-Syndrom, manisch-depressiv, schizophren. Die genaue Diagnose weiß ich nicht, es gibt viele, eine nach der anderen« (S. 38). Die Mutter lässt Bloh bei der Polizei schmoren (S. 41) oder zeigt ihn selbst dort an (S. 50), schiebt ihn zum Stiefvater ab (S. 52), verbietet ihm die Teilnahme an der Beerdigung der Großmutter (S. 62) und wirft ihn aus der Wohnung, ohne danach noch einmal mit ihm zu sprechen oder ihm die Tür zu öffnen (S. 64); »[i]ch spüre, dass meine Nähe sie stört [...]. Sie kann nicht einmal sich selbst retten, sie gibt mich auf« (S. 62 f.).

Lichtblick Blohs sind seine Großeltern, denn bei ihnen bekommt er einen Platz (S. 15) wie auch viel Zeit (S. 16, 17) und zieht später gar bei ihnen ein (S. 54); sie, »die wichtigsten Menschen in meinem Leben, gaben mir eine kleine Vorstellung davon, was Familie und Liebe bedeuten. Ganz besonders meine Oma! Sie war das Größte und Beste in meinem Leben, bis sie 2004 qualvoll an Krebs starb. Ihr Tod war der Startschuss für vieles Negative« (S. 10 f.). Entsprechend konstatiert Bloh am Ende: »Gewalt, Fremdgehen und Drogen. Vieles davon habe ich später genauso [wie der Stiefvater] gemacht« (S. 28).

In einem zweiten Schritt (vor allem in Kapitel 2) beschreibt die Autobiografie das *Leben auf der Straße*; »[i]ch habe in den vergangenen elf Jahren oft kein Dach über dem Kopf gehabt, keine Heizung neben dem Bett und keinen mit Lebensmitteln gefüllten Kühlschrank. Für die meisten Menschen in unserem Land ist das unvorstellbar« (S. 9). Schon die erste Zeit auf der Straße ist geprägt davon, einen Schlafplatz zu finden (S. 63), sich günstig zu ernähren (S. 69), den Tag zu strukturieren (S. 70), Dinge nicht zu verlieren (S. 80) und das Bankkonto zu behalten (S. 89); »[i]ch lebe immer öfter und länger auf der Straße. Kein Geld vom Amt« (S. 89).

In einer zweiten Phase des Straßenlebens nehmen die Herausforderungen noch zu, wenn Bloh wichtige Dokumente verliert (S. 113) und kaum wiederbeschaffen kann (S. 114), rastlos umherirrt (S. 116) und sich gegen Diebstahl (S. 119) wie auch die Kälte wehren muss (S. 120), sich selten waschen kann (S. 122) und unter mangelnder Hygiene leidet (S. 125), um Geld (S. 125) wie auch Essen betteln muss (S. 130), vereinsamt (S. 132) und Zeuge oder Opfer von Gewalt wird (S. 135), Drogenmissbrauch (S. 141) und Hehlerei miterlebt oder mitmacht (S. 142); »[d]ie Straße macht krank, das erfahre ich ganz besonders in meinem letzten Winter auf Platte, als es mir so beschissen geht wie noch nie. [...] Ich schwitze, mir ist heiß, und vor meinen Augen fängt es an zu flimmern. Dann haut es mich um« (S. 147).

Retter in der Not sind die ›Engel der Straße‹, denn von ihnen erhält Bloh Zeit und Kraft, kann bei ihnen sogar seine Grundbedürfnisse stillen; »[e]in Tag, auf den man sich freut, bei Kuchen und Kaffee ein bisschen plaudern zu können« (S. 141). Entsprechend betont Bloh auch: »Danke an alle [Initiativen], die sich für wohnungslose Menschen einsetzen. Wir brauchen euch« (S. 41).

In einem dritten Schritt (insbesondere in Kapitel 3) übt die Autobiografie *Kritik an der Gesellschaft*; »den Arschlöchern sagen: Nein, ihr tut mir keinen Gefallen. Ich will auf gar keinen Fall in einer Gesellschaft leben, die so mit Schwächeren umgeht. Oder die das toleriert oder begünstigt« (S. 139). Die Arbeitswelt sieht Bloh geprägt von Ausbeutung (S. 86) und Überwachung (S. 99); »[d]ie Gier lässt einen den Einsatz erhöhen und mehr ins Risiko gehen. Das Spiel bleibt immer das gleiche« (S. 101).

Das Rechtssystem sieht Bloh konterkariert durch illegale Kontolöschungen (S. 89; erst später verfügt er über ein Pfändungsschutzkonto, S. 187), widersinnige Geldstrafen für Arme (S. 92), irrwitzige Bürokratie (S. 113) und fehlende Strafverfolgung bei Gewalt gegen Obdachlose (S. 136 f.); »[n]ichts davon steht in der Zeitung, die Polizei wird nicht eingeschaltet. Doch es ist Realität auf den Straßen, in Hamburg, in Berlin, in Essen, in Stuttgart und in jeder anderen Großstadt« (S. 136).

Die Normen und Werte sieht Bloh unterlaufen mit entwürdigenden Lebensmittelgutscheinen (S. 91), rücksichtsloser Verdrängung Obdachloser mit Baumaßnahmen (S. 121), Polizei (S. 134) und Verwaltungsvorschriften (S. 139), unzureichender Gesundheitsversorgung (S. 125), eingezäunten Müllcontainern (S. 131; später fordert Bloh Essensspenden, S. 179) und lieblosem Umgang mit Geflüchteten (S. 167); »[v]iele schreckliche Dinge passieren, und wir können nichts daran ändern. Das ist schlimm. Schlimmer ist, dass wir viele Dinge passieren lassen. Leute gehen an mir vorbei. Sie schauen weg statt hin« (S. 175).

Lichtblick Blohs sind die ehrenamtlichen Einrichtungen, etwa die Kleiderkammern, wenn auch mit nutzlosen Kleiderspenden (S. 127, 171), die Notprogramme, wenn auch zeitlich beschränkt und unzureichend ausgestattet (S. 132, 146 f.), die ehrenamtlichen Initiativen wie die ›Engel der Straßen‹ (S. 141), die ›Kleiderkammer Messehallen‹ (S. 171), der Verein ›Hanseatic Help‹, die Weihnachtsaktion von Tim Mälzer (S. 174), die Stiftung ›Dekeyser & Friends‹ (S. 175); entsprechend unterstreicht Bloh am Ende: »Jeder hat ein Recht, mit Würde behandelt zu werden. Ich weiß nichts von meinem Gegenüber. Ich muss nicht gut finden, was du machst, aber ich respektiere dich als Mensch. Das verbindet uns. Es ist alles, was wir sind« (S. 156).

Motive

Literarisch auffällig ist zunächst (mit Blick auf das Thema Familienkonflikte) das *Motiv der unbekannten Herkunft*, wenn Bloh seinen leiblichen Vater nie kennengelernt hat. »Gewissheit über die Herkunft einer Person ist [aber] sowohl eine Komponente von deren Selbstbewusstsein als auch von ihrem sozialen Status. Sie schafft Zugehörigkeitsgefühl und seelische Heimat und verleiht Rechte und Pflichten in der Umwelt. Das Fehlen dieser verursacht psychischen Schaden und möglicherweise soziale Minderwertigkeit« (Elisabeth Frenzel: Motive der Weltliteratur. Ein Lexikon dichtungsgeschichtlicher Längsschnitte. Stuttgart 2008, S. 333). Vorgeführt wird das am Beispiel des Familiennamens stiefväterlicherseits [!], der Blohs wahre Herkunft nicht widerspiegelt, psychische Schmerzen hervorruft und soziale Ausgrenzung verursacht: »Meine Herkunft spiegelt sich nicht in diesem Namen wider [...]. Ich litt lange darunter, mich nicht damit identifizieren zu können [...]. In der Schule machen die anderen Witze über meinen Nachnamen [...]. Mir tut das weh. Ich werde ausgelacht wegen eines Namens, der nicht meiner ist« (S. 23). (Tatsächlich ist Bloh ein »Mitbürger mit Migrationshintergrund«, S. 9, möglicherweise ein weiterer Grund für fehlendes Selbstvertrauen wie auch mangelnden Status – und vielleicht Erklärung für das schlechte Verhältnis zwischen Mutter und Großeltern, S. 61.)

Literarisch auffallend ist dann (hinsichtlich der Themen Obdachlosigkeit und Sozialkritik) das *Motiv der Stadt*, in der der herkunftslose Bloh umherirrt. »Das Stadt-Motiv [... bedeutet] von Beginn an eine Auseinandersetzung mit der kulturellen und zivilisatorischen Leistung des Menschen. Die durch das Motiv erstrebte stimmungshafte Wirkung reicht von Bewunderung bis Entsetzen [...]. Zu den konstitutiven Elementen des Stadt-Motivs gehört als Folie sowohl ein spöttisch-herablassend gesehenes wie ein idealisiertes Bild des Landlebens [... Die Stadt bildet] einen häufig durch labyrinthische Züge gekennzeichneten Handlungsraum« (ebd., S. 655). Gezeigt wird das am Beispiel der Bürokratie eines stiefväterlichen [!] ›Vater Staats‹ (S. 79), der Bloh mit einem labyrinthischen Konstrukt konfrontiert und mindestens Kopfschütteln hervorruft: »Die Bürokratie ist ein Labyrinth. [...] Keine Wohnung, kein Job. Kein Job, keine Wohnung. Irgendwann kein Konto mehr bei der Bank. Ohne postalische Erreichbarkeit und festen Wohnsitz falle ich durch das Raster, raus aus dem System« (S. 113, 116). (Tatsächlich enden Blohs Stadtgänge im Park an der Elbe und damit gewissermaßen in der Natur, wo sich dann sein Selbstbewusstsein entwickelt, S. 153 – wie Bloh überhaupt das verspottete Landleben »in der Heimat« guttut, S. 54.)

Literarisch augenfällig ist schließlich das *Schreiben übers Schreiben*. Bloh beginnt mit dem Schreiben als Kind (S. 13) und freut sich deswegen auf die Schule (S. 17). Bloh verfasst erst Fantasiegeschichten (S. 17, vgl. seine Fabel, S. 188), dann Hip-Hop-Reime (S. 52, vgl. seinen Liedtext, S. 148 f.), Gedanken (S. 55) und Beobachtungen (S. 121), schließlich den Blog für den Ankerherz-Verlag (S. 175). Er schreibt zu Hause (S. 17), in der Bahn (S. 71) und auf dem Balkon (S. 185). Immer wieder stellt Bloh das Schreiben dabei als schiere Notwendigkeit dar (S. 80, 119) – zum Zeitvertreib (S. 72), zur Trauerarbeit (S. 77), zur Bestätigung (S. 95), zur Entlastung: »Gelbe Lichter sind meine Nachttischlampe, ich sitze unter den Laternen am Hafen mit Stift und Papier auf dem Schoß und schreibe meine Last aus dem Kopf« (S. 154). (Tatsächlich liefern die Stiftung »Dekeyser & Friends« und der Verlag »Ankerherz« Bloh den Anlass, die Autobiografie zu schreiben, vgl. die Danksagung, S. 189 – mit der Absicht, den Weg auf die Straße, in den Straßen, von der Straße nachzuzeichnen, S. 11, und Menschen Mut zu machen, vgl. das Nachwort, S. 190.)

Figuren

Die Hauptfigur des Buchs, *Dominik Bloh*, ist zum Zeitpunkt der Niederschrift 29 Jahre alt (S. 12, 15). Er hat Tattoos auf Brust und Armen (S. 43 f.), trägt übergroße Kleidung, früher wegen Geldmangels in der Familie (S. 40), dann wegen seiner Neurodermitis (S. 44), später wegen seiner Hip-Hop-Vorbilder (S. 182), und verwahrt seine Habseligkeiten auf der Straße und danach in einer schwarzen Nike-Tasche: im Hauptfach Kleidung und Kulturbeutel, Bücher, Papier und Stifte, im linken Seitenfach Dokumente, im rechten Lebensmittel und Getränke, im kleinen Nebenfach Fotos und ein Armband (S. 119). Bloh wohnt mit Mutter, Stiefvater und Halbbruder erst in Neu-Ulm (S. 15), dann in Vöhringen (S. 17), schließlich in Neu-Lankau (S. 19). Nach der Trennung der Eltern geht es zur Mutter nach Hamburg (S. 28) und zu den Großeltern in Vöhringen (S. 54), bevor Bloh auf der Straße in Hamburg landet (S. 63, 113). Er besucht verschiedene Schulen und betätigt sich als Dealer (S. 45), Security (S. 85), Spielhallenaufsicht (S. 98), Koberer (S. 101), Flüchtlingshelfer (S. 159), Spüler (S. 178) und Lehrer (S. 183). Bloh schreibt seit seiner Kindheit (S. 13) und hört seit seiner Jugend Hip-Hop (S. 41; Bekanntschaft mit Sammy Deluxe und Bonez: S. 95, 180). Auch darüber, über den besungenen Lebensstil, gerät er auf die schiefe Bahn, aus kleinen Delikten wie Diebstahl und Raub (S. 41, 43) wird organisierte Kriminalität wie Drogenhandel und Hehlerei (S. 45, 92; krimineller Lebenswandel endet wohl 2013: S. 187). Die Beziehung zu Mutter und Stiefvater ist von Gewalt geprägt (S. 26) und auch sonst heikel, wenn Bloh nach Anerkennung strebt (S. 32) und abgelehnt wird (S. 19, 23). Das Verhältnis zum Bruder ist indes durch Fürsorge gekennzeichnet (S. 36). Blohs Freunde kommen und gehen.

Blohs Eltern sind die Mutter, der leibliche Vater und der Stiefvater. Die *Mutter* wird mit 18 Jahren schwanger (S. 15). Sie arbeitet als Krankenschwester (S. 15), übernimmt (aus Geldmangel: S. 34) einen Zweitjob in der Dialyse und macht Fortbildungen in der Pflege (S. 36). Hat die Mutter früher noch Freundinnen besucht (S. 18), gesungen und getanzt (S. 34), wendet sie sich später von den Menschen ab und als Zeugin Jehovas Gott zu (S. 34). Sie ist psychisch krank (S. 9), verfällt dem Alkohol (S. 36), wird krankgeschrieben (S. 37) und eingewiesen (S. 38).

Blohs *leiblicher Vater* verlässt die Mutter während der Schwangerschaft (S. 9). Er stammt aus dem griechischen Teil Zyperns, hat eine tiefe Stimme und spricht Englisch (S. 76). Bloh lernt ihn nie kennen (S. 9).

Blohs *Stiefvater Jürgen* lernt die Mutter während der Schwangerschaft kennen (S. 15). Er kommt aus dem 200-Seelen-Dorf Neu-Lankau (S. 19) und wohnt später in einer Einzimmerwohnung in der Saarlandstraße in Hamburg (S. 52). Der Stiefvater arbeitet als Taxifahrer und dealt mit Drogen (S. 52). Er ist viel unterwegs (S. 16), unterhält verschiedene Liebesbeziehungen (S. 25) und ist gewalttätig gegenüber Bloh und seinen Freunden (S. 27). Bloh bricht den Kontakt zu ihm früh ab (S. 9).

Blohs *Ersatzeltern* sind Oma und Opa Leibiger (S. 25). Sie wohnen in der Marienstraße 8 in Vöhringen (S. 16). Die Großeltern wandern, spielen und essen mit Bloh (S. 17) und akzeptieren ihn, wie er ist (S. 55).

Die *Großmutter* ist elegant und hübsch (S. 61). Wie ihre Tochter ist sie Zeugin Jehovas (S. 17). Sie geht gerne einkaufen (S. 77). Am 10. Oktober 2004 erliegt sie einem Krebsleiden (S. 61). Bloh beschreibt sie als Engel (S. 140).

Der *Großvater* hat kurze Haare, einen Schnauzer, einen kräftigen Körperbau (S. 76). Beim Autofahren trägt er Hut und Handschuhe (S. 16), sonst geflickte Hemden und Hosen (S. 77). Der Großvater arbeitete als Käsemeister bei Milkana und ist dann Rentner (S. 76). Er kocht gut und gern (S. 59) und hilft in der Nachbarschaft (S. 77). Bloh verdankt ihm seinen Hauptschulabschluss (S. 59).

Blohs *Bruder* ist zwei Jahre jünger (S. 30). Er kommt in die Vorschule, als Bloh eingeschult wird (S. 17). Sein Vater, Blohs Stiefvater, lässt ihn zwar in Ruhe (S. 27), ist aber später für Aufenthalte in der Psychiatrie verantwortlich (S. 38). Bloh kümmert sich zeitweise um seinen Bruder (S. 36).

Erzähltechnik

Der wesentliche *Schauplatz* des Buchs ist die Stadt Hamburg mit den Stadtteilen Winterhude (Wohnung der Mutter), Alsterdorf (Wohnung des Stiefvaters), Wilhelmsburg (Heim, betreutes Wohnen), Berne (Sozialwohnung), Eimsbüttel (WG), Steilshoop (WG), St. Pauli (Hotel), Karoviertel (Messehalle), St. Georg (WG), Eimsbüttel (eigene Wohnung), Hammerbrook (Arbeitsplatz). Als Obdachloser hält sich Bloh außerdem im Schrebergarten in Alsterdorf und im Park an der Elbe in Altona auf und tourt von der Reeperbahn über St. Pauli, das Heiligengeistfeld, das Millerntor-Stadion, das Dammtor, den Jungfernsteg bis zum Hauptbahnhof. Weitere Schauplätze sind Neu-Ulm (Geburtsort Blohs), Vöhringen (Wohnort der Großeltern mütterlicherseits) und Neu-Lankau (Wohnort der Großmutter stiefväterlicherseits).

Geschildert wird der *Zeitraum* vom 24. Juni 1988 (Geburt Blohs) bis zum Jahr 2017 (Niederschrift Blohs). Das erzählte Geschehen nimmt drei jeweils mit Nummer und Überschrift versehene Kapitel ein, grob gegliedert in die Zeit vor, während und nach dem Straßenleben. Die Kapitel beinhalten Unterkapitel, die entweder mit inhaltlichen, örtlichen und zeitlichen Titeln (17 Unterkapitel) oder nur mit thematischen Überschriften versehen sind (41 Unterkapitel). Den Kapiteln vorangestellt sind eine Widmung und ein Vorwort, nachgestellt eine Danksagung und ein Nachwort (abweichender Autor), eingeschoben ein Liedtext und eine Fabel, stellenweise außerdem Aufzeichnungen in Serifenschrift (sonst serifenlose Schrift), des Weiteren Fotos und Zeichnungen. Deutlich auszumachen sind daran unterschiedliche Grade der Bearbeitung oder Fiktionalität (Aufzeichnungen – Autobiografie – Liedtext – Fabel).

Die drei großen Kapitel der Autobiografie weisen eine *chronologische Struktur* auf, zeichnen also Blohs Lebensweg stringent von 1988 bis 2017 nach. Dies geschieht allerdings ausdrücklich aus der Rückschau (Beginn der Niederschrift 2017: S. 12 f.) und mit einem Zwischenschritt (Beginn der Obdachlosigkeit 2005, S. 14 f.).

Das Geschehen wird mit Blick auf die *Narratologie* aus der Ich-Perspektive der Hauptfigur Bloh erzählt (dank personalen Erzählverhaltens mit Innensicht in den Erzähler und mit Nähe zu ihm). Er berichtet von den Ereignissen und kommentiert sie. Die Personenrede wird direkt und mit Anführungszeichen wiedergegeben.

Hinsichtlich des *Genres* handelt es sich um eine Autobiografie, Dominik Blohs Beschreibung des eigenen Lebens.

Sprache

Das Buch ist eher von kürzeren Sätzen und parataktischem Satzbau geprägt. Immer wieder tauchen darin *intertextuelle Bezüge* auf, hauptsächlich zu Hip-Hop-Musikern und ihren Alben oder Songs, die sich zu einem Soundtrack von Blohs Leben zusammenfügen und stellenweise als Kommentar der geschilderten Situation fungieren (»Don't speak« auf den Touren mit dem Stiefvater, »Weck mich auf« beim

Abrutschen in die Kriminalität, »Blessed«/«Alright« in der WG bei Freunden):

Bezug	Erläuterung
Schoolboy Q (S. 5)	Musiker
»Don't speak« (S. 25)	Lied von No Doubt
Beatles (S. 26)	Musiker
Aretha Franklin (S. 34)	Musikerin
»City of God« (S. 42)	Film
»Vatos Locos« (S. 42)	Film
Jay Z (S. 50)	Musiker
50 Cent (S. 50)	Musiker
»Black Album« (S. 55)	Album von Jay Z
Tupac (S. 56)	Musiker
»Big Bang Theory« (S. 84)	Serie
Samy Deluxe (S. 94)	Musiker
»Weck mich auf«, »Hab gehört« (S. 94)	Lieder von Samy Deluxe
Die Fantastischen Vier (S. 94)	Musiker
Der Wolf (S. 94)	Musiker
ASD (S. 94)	Musiker
»Wer hätte das gedacht« (S. 94)	Album von ASD
»Verdammtnochma« (S. 94)	Album von Samy Deluxe
Marteria (S. 95)	Musiker
TKKG (S. 139)	Jugendbuch-Reihe
»Blessed« (S. 170)	Lied von Schoolboy Q
»Alright« (S. 170)	Lied von Kendrick Lamar
Shkoon (S. 171)	Musiker
Bonez (S. 180)	Musiker
»Krampfhaft Kriminell« (S. 181)	Album von Bonez
»Nie ohne mein Team« (S. 181)	Lied von Bonez
Gzuz (S. 181)	Musiker
Justin Bieber (S. 181)	Musiker
Rihanna (S. 181)	Musikerin
»Palmen aus Plastik« (S. 182)	Album von Bonez

Insgesamt liegt die sprachliche Stärke des Buchs tatsächlich in seiner *Klarheit und Musikalität*, wie es das Nachwort von Verleger Stefan Kruecken ausdrückt: »Seine Sprache und seine Art zu schreiben gefielen uns. Sie hat etwas Klares und doch viel Poesie. Seine Texte klingen manchmal nach den Reimen und dem Beat eines Hip-Hop-Liedes« (S. 190). Damit hat die Sprache beste Chancen, ihre Wirkung bei jugendlichen Leser_innen zu entfalten.

Spannungsbögen

Die *Spannung* baut die Autobiografie entlang eines großen Bogens auf, der im Vorwort mit den Fragen beginnt: »Wie kann man [...] auf der Straße landen? Und warum ist es so schwer, wieder von ihr wegzukommen?« (S. 11) und im Nachwort mit der Antwort endet: »›Nehmt euch an meiner Geschichte ein Beispiel. Steht wieder auf!‹« (S. 190) Damit reicht der Spannungsbogen gewissermaßen von Erörterungen des Schreibanlasses bis hin zu Erläuterungen der Schreibabsicht. Das Aufstehen selbst spielt die Autobiografie dann mehrfach durch, und zwar anhand zweier größerer Phasen der Obdachlosigkeit (2005 und 2012–2015).

Innerhalb der drei großen Kapitel wiederum entsteht Spannung in dreifacher Hinsicht. Zunächst präsentiert zum Beispiel das erste Kapitel ein Rätselgeschehen (*mystery*), das bei Leser_innen eine große Ergänzungsfrage aufwirft: Wer ist Bloh und wie landet er auf der Straße?

Dann setzt etwa das zweite Kapitel Spannungssequenzen (*suspense*), was bei Leser_innen Entscheidungsfragen provoziert wie: Wird Bloh das Leben auf der Straße überleben? Wird er Kälte, Schmutz, Armut, Hunger, Durst, Einsamkeit und Gewalt überstehen?

Schließlich sorgt beispielsweise das dritte Kapitel für Überraschungsmomente (*surprise*), wenn sie Leser_innen urplötzlich mit Fragen konfrontieren: Wer ist der Prophet und was ist seine Funktion? Woher kommen plötzlich all die Retter und wie helfen sie Bloh?

Die Beantwortung dieser Fragen sorgt schließlich dafür, dass *kein offenes Ende* verbleibt – auch wenn die Rückkehr in die Normalität wohl noch nicht abgeschlossen ist: »Er kämpft sich zurück ins Leben, auch, wenn es manchmal nicht einfach ist« (S. 191).

Stilmittel

Dominik Bloh arbeitet in seiner Autobiografie mit sprachlichen Bildern und weiteren Stilmitteln, die das Lesevergnügen erhöhen und zusätzliche Bedeutungsschichten erschließen.

Stilmittel finden sich etwa schon zu Beginn, nämlich im Titel, die den eigentlichen Wendepunkt auf Blohs Lebensweg markiert (»Mein Leben ist eine Sackgasse, ich muss die Richtung wechseln«, S. 154) und *Symbol, Metapher und Vergleich* in sich vereint:

- Symbol (Palmen = weite Welt, Freiheit): »Ich blicke auf die Elbe, sehe die Kreuzfahrtschiffe, die hinaus in die weite Welt fahren, an Strände, die von Kokospalmen gesäumt sind. Ich bleibe hier, schreibe aus meiner Welt unter Palmen aus Stahl« (S. 153).
- Metapher (unter Palmen aus Stahl sitzen = unter Laternen sitzen): »Ich bleibe hier, schreibe aus meiner Welt unter Palmen aus Stahl [...,] ich sitze unter den Laternen am Hafen mit Stift und Papier auf dem Schoß« (S. 153, 154).
- Vergleich (Palmen aus Stahl = gelbes Licht = Zuhause): »Bei Regen, Schnee und Wind in den dunklen Straßen sehe ich durch die kahlen Äste in die hell erleuchteten Fenster der Wohnungen. Licht. Es vermittelt Wärme und Gemütlichkeit. Ich sehe alles, was mit dem Licht erkennbar wird, ein Zuhause [...]. Die gelben Lichter lassen mich in dunklen, kalten Nächten Wärme spüren. Die Strahlen bringen warme Erinnerungen und gute Gedanken. Ich bin geborgen im Licht« (S. 154, 155). Und: »Ich bleibe zu Hause [!]« (S. 153).
- Daneben: Anspielung (Palmen aus Stahl ≈ Palmen aus Plastik = Wunsch nach demselben Erfolg): »Der Goldring an der Hand für das goldene Album ›Palmen aus Plastik‹« (S. 182).

Stilmittel finden sich aber beispielsweise auch zum Schluss, und zwar in der Fabel, die eine Art literarisierendes Resümee der zuvor geschilderten Ereignisse darstellt (»Der Raupe wachsen Flügel, mit denen sie aus dem Dunklen entbricht. Sie breitet ihre Flügel aus und fliegt hinaus in das Licht«, S. 188) und ebenfalls Metapher, Vergleich und Symbol beinhaltet:

- Metapher (für Blohs Lebensweg): »Die Raupe wächst alleine auf – ohne Eltern, die sie aufziehen. Sie wächst auf in Dunkelheit, umschlossen in einem Kokon. Sie ernährt und konsumiert nur, was ihre Umwelt zu bieten hat. Sie muss selbstständig lernen« (S. 188).
- Vergleich (von Stationen auf Blohs Lebensweg): »Die Raupe und der Schmetterling sind komplett verschieden. Sie sind ein und dasselbe« (S. 188).
- Symbol (für das glückliche Ende von Blohs Lebensweg): »Der Schmetterling steht für Schönheit. In den Strahlen der Sonne scheinen seine prächtigen Farben. Der Schmetterling ist frei« (S. 188).

U.4 DEUTUNGSPERSPEKTIVEN

»Unter Palmen aus Stahl« wirft, rund um das Thema der Obdachlosigkeit, die Frage auf: »Wie kann man im Sozialstaat Deutschland überhaupt auf der Straße landen?« (S. 9) Die Antwort scheint gleich zu Beginn gefunden: »Meine Mutter setzte mich vor die Tür. Endgültig, mit meiner gesamten Habe« (S. 14). Und doch heißt es ebenfalls gleich am Anfang: »Ich bin ganz sicher nicht unschuldig an meiner Lebenslage« (S. 9). Damit geht es der Autobiografie genauer um die Frage von *Eigen- und Fremdverschulden*.

Bloh sieht die ›Schuld‹ zunächst in sich: »Ich will sie [die Mutter] nicht enttäuschen, aber ich habe das Gefühl, dass ich für sie eine reine Enttäuschung bin« (S. 32). Und er macht auch frühe kriminelle Anlagen verantwortlich: »Ich bin ein Dieb. Ich klaue, seit ich klein bin« (S. 39) – ein Grund für den Konflikt mit der Mutter und möglicherweise auch den Rauswurf: »Als ich alt genug bin, schnappen sie mich [beim Ladendiebstahl] und schalten die Polizei ein. Meine Mutter weigert sich, mich abzuholen« (S. 41).

Dann gibt Bloh seiner Familie die ›Schuld‹: »Meine Mutter ist krank, es wird schlimmer. Sie kann nicht einmal sich selbst retten, sie gibt mich auf« (S. 63). Auch dem kriminellen Stiefvater gibt er eine Mitschuld: »[D]ieser Mann hat mich geprägt: Gewalt, Fremdgehen und Drogen. Vieles davon habe ich später genauso gemacht« (S. 28).

Daneben macht Bloh die ›Schuld‹ an äußeren Einflüssen fest: »Hip-Hop war meine Schule. Vormittags stand ich zwischen den Hip-Hop-Regalen und durchstöberte die Fächer. Die CDs, mein Unterrichtsmaterial« (S. 41).

Dieses Material macht er mitverantwortlich für seine kriminellen Umtriebe: »Ich bin hinter Gittern, doch noch immer ist mir alles scheißegal. Das ist das Leben, das mir die Hip-Hop-Schule beibringt [...] Ich bin 15, und Gangster sind meine Idole« (S. 42).

Schließlich macht er ›Schuld‹ aufseiten des Staates aus: »Vater Staat behandelt mich zunächst auch stiefväterlich und zeigt kein Interesse an mir. Ich lebe bis zu meinem siebzehnten Lebensjahr auf der Straße« (S. 78). Und er weist ihm eine Mitschuld für seine kriminellen Machenschaften zu: »[I]ch werde zu einer Geldstrafe verurteilt. Ich habe nie verstanden, wieso Menschen, die nichts haben, Geldstrafen bekommen, ich werde es nie verstehen. Ich weiß nicht, woher ich das Geld nehmen soll [...]. Mir fällt nichts anderes ein, als kriminelle Taten zu begehen« (S. 92).

Die schonungslose Beschreibung dieser unterschiedlichen Faktoren für (Blohs) Obdachlosigkeit ist es auch, die den Verlag letztlich überzeugt hat (S. 190 f.) und die bei jugendlichen Leser_innen einen *Prozess des Nachdenkens* anstoßen und so den Übergang in bzw. das Einwirken auf die Realität bewerkstelligen kann: »Viele schreckliche Dinge passieren, und wir können nichts daran ändern. Das ist schlimm. Schlimmer ist, dass wir viele Dinge passieren lassen« (S. 175).

METHODENKISTE

u.5

Die folgende »Methodenkiste« ist als Pool zur Planung einer Unterrichtseinheit zur Autobiografie »Unter Palmen aus Stahl« gedacht. Sie verbindet anzustrebende Kompetenzen im Deutschunterricht mit möglichen Textumgangsweisen in einem Unterricht zum Buch. Dabei beziehen wir uns auf die von der Kultusministerkonferenz (KMK) verabschiedeten »Bildungsstandards für das Fach Deutsch für den Mittleren Bildungsabschluss«, die die verbindliche Grundlage für alle in den Ländern zu entwickelnden Lehr- und Bildungspläne in der Sekundarstufe I darstellen.

In der rechten Spalte geben wir jeweils mögliche Beispiele für eine konkrete Umsetzung im Unterricht. Hier finden sich auch Verweise zu den Kopiervorlagen und Infoblättern in diesem Heft. Zahlreiche methodische Möglichkeiten sprechen mehrere Bildungsstandards an. Wir haben uns zum Zwecke der Übersichtlichkeit jeweils für einen Bildungsstandard des Bereiches 3.3 (»Lesen – mit Texten und Medien umgehen«) entschieden. Häufig lassen sich auch evidente Bezüge zu den Bildungsstandards der anderen Bereiche herstellen.

Darüber hinaus stehen die vorgeschlagenen Methoden in Verbindung mit einem fächerübergreifenden Ansatz (v.a. mit Religion/Ethik, Bildender Kunst oder anderen Fächern), den Sie je nach Klassensituation, Vorwissen und Interessen der Schüler_innen modifizieren können.

Bildungsstandards	Methoden	Beispiele
→ Verschiedene Lesetechniken beherrschen		
• Über grundlegende Lesefertigkeiten verfügen: flüssig, sinnbezogen, überfliegend, selektiv, navigierend lesen	• Ein Kapitel bzw. eine besonders wichtige oder spannende Stelle (vor)lesen • Die Auswahl individuell begründen	• → k.2–k.8 • Weitere Textstellen nach Wahl
	• Ein Kapitel oder einen Textausschnitt mit verteilten Rollen oder gestaltend vorlesen und aufnehmen	• Unterschiedliche Textsorten im Buch • Weitere Textstellen nach Wahl
	• Bestimmte Textinhalte auffinden und ein den Text erschließendes Unterrichtsgespräch anhand von Leitfragen führen	• Hilfsmittel Zeilometer → k.1 • → k.2–k.8
→ Strategien zum Leseverstehen kennen und anwenden		
• Leseerwartungen und -erfahrungen bewusst nutzen	• Cluster oder Mindmap erstellen; damit einhergehend eine Leseerwartung aufbauen, Vorwissen aktivieren; ein Lesemotiv formulieren	• Genre → k.2 • Figurenkonstellation → k.3 • Zur Vorbereitung auf Info-Flyer → k.6 • Zur Gruppierung der Sozialkritik
	• Bezüge zur eigenen Lebenswirklichkeit herstellen	• Eigene Vermutungen, Erfahrungen, Urteile → k.2–k.8 • Info-Flyer → k.6
• Textschemata erfassen, z. B. Textsorte, Aufbau des Textes	• Die Erzählkonstruktion analysieren	• Motto, Anlass, Absicht, Zielgruppe, Genre → k.2 • Rahmenhandlung/Binnenerzählung (Analepse) → k.3 • Spannung(sbogen) • Erzähltechnik (Narratologie)
• Verfahren zur Textstrukturierung kennen und selbstständig anwenden	• Wesentliche Textstellen kennzeichnen	• Lesetabelle → k.2–k.8 • Markierung → k.8
	• Den Text gliedern	• Tabellen → k.2, k.4, k.6–k.8 • Lesetabelle → k.3 • Lesetagebuch
	• Kapitelüberschriften formulieren, austauschen und diskutieren	• Buchtitel → k.8 • Unvollständige Überschriften ergänzen (Ort, Zeit) • Überschriften diskutieren, reformulieren
	• Fragen aus dem Text ableiten	• Zu Zitaten und Textstellen → k.2–k.8 • Zur eigenen Lebenswirklichkeit → k.2–k.8
	• Bezüge zwischen Textteilen herstellen	• Inhalt, Form, Sprache → k.2–k.8
• Verfahren zur Textaufnahme kennen und nutzen	• Texte und Textabschnitte zusammenfassen	• Tabellen → k.2, k.4, k.6–k.8 • Lesetabelle → k.3 • Lesetagebuch • Schaubilder → k.3, k.4, k.6, k.7
	• Eine Inhaltsangabe mithilfe von Satzstreifen oder anderen Hilfsmitteln erstellen	• Flussdiagramm → k.4 • Satzbausteine, Inhaltsangaben → k.5 • Kalendereintrag, Routenplan → k.6 • Zeitstrahl → k.7 • Satzverbindungen → k.8 • Lückentexte
	• Eine wichtige Textstelle visualisieren	• Wohnung → k.3 • Routenplan → k.6 • Fotos von wichtigen Orten
	• Fragen zum Text stellen und beantworten	• Spannungsbogen • Auf jeder Kopiervorlage möglich
	• Einen Lückentext bearbeiten	• Motiv → k.4 • Kalendereinträge → k.6 • Lückentexte für Figurencharakterisierungen ausgehend von → u.3

Bildungsstandards	Methoden	Beispiele
→ Literarische Texte verstehen und nutzen		
• Ein Spektrum altersangemessener Werke – auch Jugendliteratur – bedeutender Autorinnen und Autoren kennen	• Leben und Werk des Autors kennenlernen	• Autor → **i.1** • Interview → **i.2** • Poster, Handout, Referat
	• Thematisch verwandte Jugendromane kennenlernen	• Vgl. → **i.6** • www.beltz.de/lehrer
• Zentrale Inhalte erschließen	• Einsatz anderer Medien / inhaltlich entsprechend orientierter Zusatztexte zur Erarbeitung der Buchthemen	• Interview → **i.2** • Figurenkonstellation → **i.3, k.3** • Tabellarische Kapitelübersicht → **i.4, k.3, k.7** • Weiterführende Literaturhinweise → **i.5** • Info-Boxen → **k.2, k.4, k.8** • Internet → **k.5, k.7** • Intertexte (z.B. City of God) • Filme, Hörfunkbeiträge, Zeitschriftenartikel und Internetquellen zu Buchthemen
• Wesentliche Elemente eines Textes erfassen, z.B. Figuren, Raum- und Zeitdarstellung, Konfliktverlauf	• Den zeitlichen Verlauf des Buchs erarbeiten und darstellen	• Tabellarische Kapitelübersicht → **i.4** • Lesetabelle, Rahmenhandlung/Binnenerzählung (Analepse) → **k.3** • Zeitstrahl → **k.7** • Lesetagebuch
	• Eine Figurenkonstellation / ein Soziogramm erarbeiten	• Figurenkonstellation → **i.4, k.3** • Figurenpaten • Familienaufstellung statt Figurenkonstellation
	• Die Beziehung zwischen Figuren herausarbeiten	• Figurenkonstellation → **i.4, k.3** • Protagonist – Rapper → **k.5** • Protagonist – Geflüchtete → **k.7** • Ich-Erzähler – Wir-Erzähler
	• Figuren charakterisieren; relevante Textstellen mithilfe der Kapitelübersicht auffinden	• Protagonist → **k.3** • Leiblicher Vater → **k.4** • Mutter → **k.6** • Steckbriefe • Figurenpaten • Figureneinkleidung, Figurenbiografie
	• Handlungsräume analysieren, auch hinsichtlich der Symbolik	• Stadt/Land → **k.6** • Palmen, Raupe/Schmetterling → **k.8** • Küche/Kühlschrank • Nike-Tasche
	• Ein Thema bzw. Motiv über das ganze Buch hinweg verfolgen	• Familie, unbekannte Herkunft, Kriminalität → **k.4** • Hip-Hop → **k.5** • Obdachlosigkeit, Stadt → **k.6** • Sozialkritik → **k.7** • Schreiben übers Schreiben (Metapoetik) → **k.8**
	• Den Konfliktverlauf zwischen Figuren grafisch bzw. verbal darstellen	• Figurenkonstellation → **k.3** • Konfliktkurve Protagonist – Mutter
• Wesentliche Fachbegriffe zur Erschließung von Literatur kennen und anwenden	• Die Erzählperspektive wechseln: eine Textstelle aus anderer Perspektive erzählen	• Klappentext • Rauswurf des Protagonisten aus Sicht der Mutter • Kennenlernen des Protagonisten aus Sicht der Helfer_innen • Protagonist aus Sicht seiner Schüler
	• Leerstellen des Buchs füllen	• Ereignisse nach 2017 • Interview → **i.2**
	• Den Spannungsverlauf untersuchen / eine Spannungskurve erstellen	• Spannungsfragen • Spannungsfragen in jedem Kapitel

Bildungsstandards	Methoden	Beispiele
• Wesentliche Fachbegriffe zur Erschließung von Literatur kennen und anwenden (Forts.)	• Einen inneren Monolog einer Figur verfassen	• Protagonist beim Rauswurf • Gebrabbel des »Propheten« als innerer Monolog
• Sprachliche Gestaltungsmittel in ihren Wirkungszusammenhängen und in ihrer historischen Bedingtheit erkennen, z. B. Wort-, Satz- und Gedankenfiguren, Bildsprache (Metaphern)	• Die Namen von Figuren oder Schauplätzen unter die Lupe nehmen	• Buchtitel → k.8
	• Sprachliche Bilder/Metaphern und mögliche Symbole im Text erkennen, ihre Bedeutung verstehen und über ihre Leistungen diskutieren	• Palmen, Fabeltiere → k.8 • Küche, Kühlschrank
	• Redeformen (Figurenrede, Erzählerrede) identifizieren	• Motto → k.2 • Textsorten → k.8
	• Stilaspekte untersuchen	• Genre → k.2 • Fabel → k.8 • Intertextuelle Bezüge • Rap, Hip-Hop
• Eigene Deutungen des Textes entwickeln, am Text belegen und sich mit anderen darüber verständigen	• Eine kontroverse Diskussion zu bestimmten Aspekten oder Figuren führen	• Themen, Motive und Figuren → k.2–k.8 • Gewaltverherrlichung (Positionslinie) → k.5 • Containern (Stellungnahme) → k.7 • Stummes Schreibgespräch
	• Mittels Alter-Ego-Technik die möglichen Gedanken von Figuren darstellen	• Fantasiereise → k.2 • Rauswurf des Protagonisten aus Sicht der Mutter • Kennenlernen des Protagonisten aus Sicht der Helfer_innen • Protagonist aus Sicht seiner Schüler_innen
	• Eine Rezension zum Buch verfassen	• Rezension (ggf. als Podcast, Video)
• Analytische Methoden anwenden	• Den Inhalt eines Textabschnitts rekonstruieren und wiedergeben	• Lesetabelle → k.2–k.8 • Reihenfolge → k.5 • Lesetagebuch
	• Den antizipierten und realen Handlungsverlauf vergleichen	• Erwartungen ausgehend von Motto → k.2 • Klappentext, Erfüllung der Erwartungen bei der 5-Finger-Methode
	• Ein Kapitel mit einem subjektiven »Untertext« versehen	• Zu jedem Kapitel möglich
	• Handlungsmotive einer Figur herausarbeiten	• Stiefvater, Mutter (Gewalt, Krankheit) → k.4 • Mutter (Rauswurf) → k.6 • Großeltern (Zuneigung) • Protagonist (Fürsorge für Bruder) • Helfer_innen (Unterstützung)
	• Den thematischen Hintergrund des Buchs erhellen	• Familienkonflikte → k.4 • Obdachlosigkeit → k.6 • Sozialkritik → k.7
	• Eine gemeinsame Reflexion der Lektüre durchführen	• 5-Finger-Methode • Offenes Abschlussgespräch
• Produktive Methoden anwenden	• Ein eigenes Lesetagebuch bzw. einen Leseordner zum Buch führen	• Lesetabelle → k.3 • Lesetagebuch
	• Einen Comic oder eine Fotostory zu einem Kapitel des Buchs erstellen	• Wohnungsgrundriss, -aufriss → k.3 • Analyse, Ergänzung der Illustrationen
	• Ein fiktives Interview mit einer Figur führen	• Protagonist → k.3 • Interview mit leiblichem Vater (Warum abgehauen?) • Interview mit Stiefvater (Warum Bruder bevorzugt?) • Interview mit Mutter (Warum rausgeworfen?) • Interview mit Stefan Kruecken (Warum geholfen?)

Bildungsstandards	Methoden	Beispiele
	• Gedanken und Gefühle der Figuren imaginieren	• Fabel → k.8 • Innere Monologe • Familienaufstellung • Stiefvater beim Anblick des Protagonisten • Mutter bei der Begegnung mit dem obdachlosen Protagonisten
	• Das Buch weiterdenken und -schreiben	• Klappentext
	• Einen Brief einer Figur an eine andere Figur bzw. einen fiktiven Dialog zwischen Figuren verfassen	• Protagonist – leiblicher Vater (Kennenlernen) • Protagonist – Stiefvater/Mutter (Versöhnen) • Protagonist – Bruder (Aussprechen)
	• Eine Reportage bzw. einen Zeitungsbericht über eine Textstelle verfassen	• Vorfall »Eva«
	• Ein literarisches Rollenspiel z. B. zu einer Szene durchführen	• Statt Figurenkonstellation → k.3
	• Einen Handlungsort oder eine Szene malen, zeichnen oder nachbauen	• Wohnung → k.3 • Hamburg, Info-Flyer → k.6 • Lesetagebuch
	• Eine thematische Aktion durchführen	• Info-Flyer → k.6 • Projekt Ausstellung über häusliche Gewalt, Obdachlosigkeit • Konkrete Hilfe vor Ort • Brief mit Forderungen an Abgeordnete
	• Ein Rätsel zu einem Kapitel oder zum Buch erstellen bzw. lösen	• Spannungsfragen • Kreuzwort-, Silbenrätsel
	• Ein alternatives Titelbild erstellen	• Collage → k.4 • Cover für Lesetabelle, Lesetagebuch • Einbezug Intertexte • Bildmaterial über Bildagenturen
	• Ein Plakat bzw. eine Collage zum Buch erstellen	• Collage → k.4
	• Ein Hörspiel verfassen	• Zu rasanten Textstellen • Intertextuelle Bezüge als Mixtape
• Handlungen, Verhaltensweisen und Verhaltensmotive bewerten	• Sympathie/Antipathie zu den Figuren thematisieren	• Lesetabelle → k.2 • Figurenkonstellation → k.3 • Leiblicher Vater → k.4 • 5-Finger-Methode • Lesetagebuch
	• Zu den Figuren Stellung beziehen, ihr Verhalten und Handeln bewerten und kommentieren	• Protagonist → k.3 • Leiblicher Vater, Stiefvater, Mutter → k.4 • Rapper → k.5 • 5-Finger-Methode • Lesetagebuch
→ Sach- und Gebrauchstexte verstehen und nutzen		
• Hintergrundinformationen suchen, verstehen, auswerten und vergleichen	• Eine Collage erstellen	• Collage → k.4 • Alternatives Buchcover • Cover für Lesetabelle/Lesetagebuch • Autor, Themen, Motive
→ Medien verstehen und nutzen		
• Informationsmöglichkeiten nutzen	• Internet- und Buchrecherche zu Themen des Buchs	• Auf jeder Kopiervorlage möglich • Weiterführende Literaturhinweise → i.5
• Medien zur Präsentation und ästhetischen Produktion nutzen	• Powerpoint-Präsentationen bzw. Hypertexte erarbeiten, vorstellen und reflektieren	• Schauplätze • Themen • Motive • Intertextuelle Bezüge

VORSCHLAG FÜR EINE UNTERRICHTSEINHEIT

Wir möchten Ihnen hier ein Grobraster für eine Unterrichtseinheit zu »Unter Palmen aus Stahl« vorstellen, das nach dem Grundsatz ›erschließend, nicht erschöpfend‹ vorgeht. Die Einheit besteht, unterstützt durch die Infoblätter und Kopiervorlagen[1] aus diesem Heft, aus drei Modulen:

- Modul A: Vor dem Lesen (Paratext, Seite 12 bis 16)
- Modul B: Während des Lesens (Kapitel 1, Kapitel 2, Kapitel 3)
- Modul C: Nach dem Lesen (ganzes Buch)

Um den Überblick über das Buch zu behalten, bietet sich der Einsatz einer Lesetabelle an (→ **k.2**), in der die Schüler_innen kapitelweise Stichworte zu Schauplätzen, Zeiten, Figuren und Ereignissen notieren. Auch eine Erweiterung zu einem Lesetagebuch mit mehr Raum für Reflexionen und Illustrationen ist denkbar. Die Ergebnisse können immer wieder (auch im Unterricht) herangezogen werden. Damit ist ihre Sicherung gewährleistet. Das ganze Buch sollten die Schüler_innen möglichst nach **k.7** oder **k.8** gelesen haben.

Modul A: Vor dem Lesen
(ca. 4 Unterrichtsstunden)

- Lesekompetenz: Motto, Vorwort, Seite 12 bis 16
- Textanalyse: Schreibanlass, Schreibabsicht, Zielgruppe, Genre, Figuren(konstellation)
- Übertragung auf Lebenswirklichkeit: eigene Vermutungen und Erfahrungen
- Produktion: Definition, Figureninterview, Figurenkonstellation, Wohnungsgrundriss, Lesetabelle

→ Bearbeitung mithilfe der Kopiervorlagen **k.1–k.3**
→ Weitere Anregungen aus der »Methodenkiste« in diesem Heft → **u.5**

Modul B: Während des Lesens
(ca. 10 Unterrichtsstunden)

- Lesekompetenz: Kapitel 1, Kapitel 2, Kapitel 3, Liedtext, Fabel, Internet (Text, Film)
- Textanalyse: Familienkonflikte, unbekannte Herkunft, Kriminalität, Hip-Hop, Obdachlosigkeit, Stadt, Flüchtlingskrise, Sozialkritik, Fabel, Schreiben übers Schreiben
- Übertragung auf Lebenswirklichkeit: eigene Vermutungen und Erfahrungen, Vereine/Organisationen vor Ort
- Produktion: Lückentext, Flussdiagramm, Collage, Reihenfolge, Inhaltsangabe, Positionslinie, Kalender, Routenplan, Info-Flyer, Zeitstrahl, Stellungnahme, Satzverbindung, Textmarkierung, Lesetabelle

→ Bearbeitung mitilfe der Kopiervorlagen **k.4–k.8**
→ Weitere Anregungen aus der »Methodenkiste« in diesem Heft → **u.5**

Modul C: Nach dem Lesen
(ca. 2 Unterrichtsstunden)

- Lesekompetenz: ganzes Buch
- Textanalyse: Motto, Interview, Klappentext
- Übertragung auf Lebenswirklichkeit: eigene Vermutungen, Erfahrungen und Urteile
- Produktion: Klappentext, Fünf-Finger-Methode, Rezension

→ Weitere Anregungen aus der »Methodenkiste« in diesem Heft → **u.5**

1 Jede Kopiervorlage genügt für eine Doppelstunde, ist nach den Lernzielstufen des Deutschen Bildungsrats mit den entsprechenden Operatoren formuliert und nach einem Stundenverlauf von 1. Einstieg, 2. Erarbeitung (Präsentation nach jeder Nr. 2 möglich), 3. Sicherung, 4. Transfer und 5. Hausaufgabe formatiert. Wechsel der Sozialform (Unterrichtsgespräch, Einzel-, Partner-, Gruppenarbeit) überwiegend nach eigenem Ermessen.

Infoblätter

© Julia Schwendner

DER AUTOR DOMINIK BLOH

i.1

Dominik Bloh, Jahrgang 1988, lebte elf Jahre lang immer wieder auf den Straßen von Hamburg. Die Familienverhältnisse waren schwierig und nach dem Tod der Großmutter folgte der freie Fall. Noch als Teenager begann das Leben auf der Straße. Immer wieder schlief Bloh auf Bänken oder Brücken und versuchte, trotz Hunger, Kälte und Einsamkeit, mit Schule, Musik und Sport etwas Normalität aufrechtzuerhalten.

Sein Buch über diese Zeit »Unter Palmen aus Stahl« wurde ein SPIEGEL-Bestseller. Heute lebt er in einer kleinen Wohnung in Hamburg, erzählt im Ankerherz-Blog »Geschichten von der Straße« und arbeitet u.a. an einer Schule mit verhaltensauffälligen Jugendlichen. Bloh initiierte das Projekt »GoBanyo«, ein Duschbus für Obdachlose. Seit 2019 ist der Duschbus in Hamburg unterwegs.

INTERVIEW MIT DOMINIK BLOH: »EIN LACHEN KOSTET NICHTS«

i.2

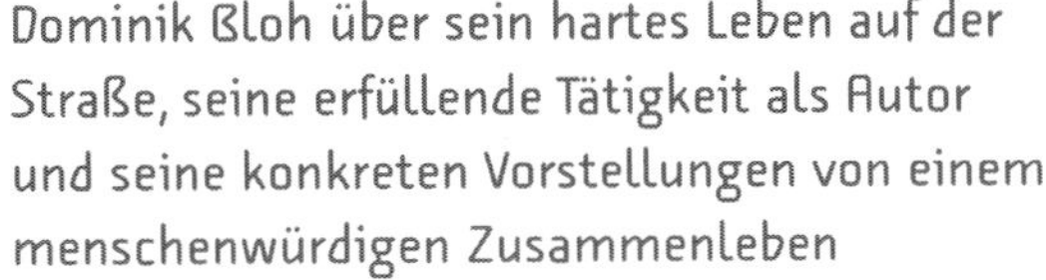

Dominik Bloh über sein hartes Leben auf der Straße, seine erfüllende Tätigkeit als Autor und seine konkreten Vorstellungen von einem menschenwürdigen Zusammenleben

Lieber Herr Bloh, wann haben Sie das letzte Mal im Freien geschlafen?

Vor fast fünf Jahren war meine letzte Nacht draußen. Ich bin noch spät durch die leeren Straßen gelaufen auf der Suche nach einem Platz, wo ich ein paar Stunden Pause machen konnte. Ein Unterschlupf sollte ein halbwegs geschützter Ort sein, der trocken und windstill ist. Ich habe ein Haus mit einer Nische neben dem Treppenhauseingang gefunden. Ich habe mir mein Bett gebaut. Mit Kartons habe ich meine Matratze auf den Boden gelegt. Mein Schlafsack war meine Decke und meine Wechselklamotten habe ich zu einem Kopfkissen zusammengeknüllt. Ich weiß noch, wie am Morgen jemand zu mir gekommen ist und nur meinte: »Ey Junge, hier kannste aber nicht bleiben.« Daraufhin habe ich meine Sachen zusammengepackt, mich auf die Treppenstufen vor das nächste Haus gesetzt und geschrieben.

Sie schreiben in Ihrer Autobiografie: »Die Straße bleibt im Kopf.« Was genau meinen Sie damit?

Es gibt im Hip-Hop einen Spruch: Du kannst den Jungen von der Straße kriegen, aber die Straße nicht aus ihm. Da ist viel Wahres dran. »Die Straße ist im Kopf« soll meinen Zustand beschreiben. Es bedeutet, dass ich in meiner Wohnung einen Schlafsack unter meinen Schreibtisch liegen habe, immer griffbereit, immer vorbereitet weiterzuziehen. In manchen Nächten lege ich mich mit meinem Schlafsack ins Bett. Ich habe jahrelang ein Leben in einer Tasche rumgetragen. Ich habe bis heute keinen Kleiderschrank. Alle Klamotten, die ich habe, liegen in Taschen. Ich bin daran gewöhnt. Es ist schwer, alte Gewohnheiten zu ändern. Es sind konditionierte Mechanismen, Muster und Routinen, die ich von meiner Jugend an so gemacht habe. Ich verhalte mich in meinen eigenen vier Wänden oft wie auf der Straße. Das kann sogar ganz unterbewusst sein, wenn ich nachts aufwache und merke, wie ich die Kapuze von meinem Hoodie über den Kopf gezogen habe, weil ich so immer auf der Straße gelegen habe. Das alles sitzt immer noch tief in mir, nicht nur im Kopf, sondern auch im Körper. Ich lebe noch heute oft wie früher auf der Straße.

Sie leben im Kopf immer noch wie »Unter Palmen aus Stahl«?

»Unter Palmen aus Stahl« ist ein ortsbezogener Titel. Park Fiction am Hafen in Hamburg auf dem Kiez. Ich habe dort die letzten Jahre draußen verbracht. An diesem Platz habe ich angefangen, mich zu verändern. Der Park hat mir alles gegeben, was ich dafür gebraucht habe. Für mich der wichtigste und schönste Ort überhaupt. Das ist ironisch, aber es fühlt sich wie ein Zuhause an.

Bleibt der Park also einer Ihrer Lieblingsplätze in Hamburg?

Der Park Fiction ist immer noch mein Lieblingsort in der Stadt. Ich weiß auch nicht, manchmal stehe ich auf und eine kurze Zeit später stehe ich im Park. Es ist, als würde manchmal mein Tag erst dort beginnen oder einen klaren Gedanken fassen. Ich verbringe die meiste Zeit dort. Ich glaube, ich könnte ein ganzes Buch über die Palme schreiben. Ich habe an diesem einen Ort in den letzten sieben Jahren so ziemlich alles gesehen. In Hamburg sagt man, hier oben am Hafen ist das Tor zur Welt. Hier kommt alles zusammen, ohne dass ich raus in die weite Ferne muss. Alles, was ich brauche, ist genau hier.

Das Hauptthema Ihres Buchs ist Obdachlosigkeit. Das Schlimmste sind Hitze und Kälte, lernen die Leser_innen. Gibt es denn auch schöne Momente?

Überleben ist kein Leben. Daran gibt es nichts Schönes. Hitze und Kälte sind für mich eigentlich nie das Schlimmste gewesen. Das Wetter ist ehrlich, darauf konnte ich mich einstellen. Ich war ein junger Mann und konnte jede Witterung recht gut aushalten. Vor Kälte muss man fliehen, aber ich war gut auf den Beinen. Vor dem Gefühl, nirgendwo dazuzugehören, konnte ich dagegen nie weglaufen. Zu denken, ich sei unsichtbar und niemand würde mich hören. Es ist egal gewesen, ob ich da war oder nicht. Ich habe keinen interessiert. Ich glaube, wir alle wollen ein Teil von etwas sein und irgendwie wahrgenommen werden. Ich habe irgendwann gedacht, ich bin nichts. Diese Gedanken, der Stress und das Überleben sind die schlimmsten Sachen für mich auf der Straße. Das ist ein wahrer Teufelskreis, der dich kaputt machen kann.

Trotzdem wirkt ihr Buch optimistisch. Haben Sie denn nie den Mut verloren?

Ich habe oft den Mut verloren, aber nie ganz. Ich habe mich stets an meine Großeltern erinnert. Sie haben immer an mich geglaubt und am Ende haben sie mir über ihren Tod hinaus geholfen, weiter an mich zu glauben und nicht aufzugeben. Das Buch ist ihnen gewidmet.

Anders als bei Ihren Großeltern erfahren die Leser_innen nur wenig über Ihren Halbbruder. Warum?

Ich habe entschieden, meine Geschichte aufschreiben. Meine Familie und mein Bruder gehören deswegen natürlich dazu. Dennoch wollte ich nicht zu viel Persönliches schreiben, denn es ist ihr privates Leben. Darum habe ich mich bei der Beschreibung meines Bruders zurückgehalten. Ich bin sehr froh, dass wir heute einen guten Kontakt haben.

Beschreiben Sie deswegen auch Ihre Eltern nie äußerlich und nennen auch keine Namen?

Das ist eine der besten Fragen, die ich bisher über dieses Buch gestellt bekommen habe, denn ganz ehrlich, darüber habe ich davor noch nie nachgedacht. Das war mehr eine Bauchentscheidung. Ich denke, es ging einerseits um den Schutz der Personen, von denen ich ja andererseits sehr viel preisgebe, aber auch um eine Distanzierung, etwa von meinem Stiefvater. Der sollte nicht mehr Raum bekommen als unbedingt nötig. Meinen biologischen Vater habe ich nie kennengelernt, nie ein Foto von ihm gesehen. Tatsächlich benutze ich den Begriff »Eltern« nicht, ich hatte nie wirklich welche. Bei den Namen dagegen war es eine bewusste Entscheidung, diese rauszulassen. Ich wollte einfach keine Namen nennen.

Warum hat Ihre Mutter Sie letztendlich auf die Straße gesetzt?

Meine Mutter war am Ende psychisch krank. Sie hatte ganz verschiedene Diagnosen bekommen. Am Anfang war es manisch-depressiv, danach kam Borderline und am Ende trat Schizophrenie auf.

Ihre Krankheit hat sie überfordert, sie war oft in der geschlossenen Psychiatrie. Zuhause lief auch nichts mehr gut. Es gab Tage, da hat sie mich nicht erkannt und dachte, ich wäre ein Einbrecher. Sie ist schreiend in ihr Zimmer gerannt, hat abgesperrt und die Polizei gerufen. Sie hat sich entschieden, ihre Vormundschaft für mich abzulegen. Das heißt, sie wollte nicht länger meine Mutter sein. Ich hatte ab dem Zeitpunkt keinen gesetzlichen Elternvertreter mehr. Der letzte Schritt, um mich aus ihrem Leben zu haben, war dann noch, mich rauszuschmeißen.

Neben Ihrer Familie schreiben Sie auch über unsere Gesellschaft ...

... die Termine bei den Einrichtungen, die mir eigentlich helfen sollten, waren immer eine große Enttäuschung. Es hat dazu geführt, dass es für mich immer schwerer geworden ist, nach Hilfe zu fragen, weil ich ständig abgewiesen wurde. Wir sind nicht zuständig, aber irgendwer wird sich schon kümmern. Das Phänomen, das ich bis heute beobachte, nenne ich »Verantwortung weiterschieben«. Das Problem, wenn man überall weggeschickt wird, ist, dass man irgendwann denkt, dass es für einen keinen Platz mehr gibt. Alle diese Erfahrungen haben meine Psyche stark belastet. Da sind Tage bei diesen Ämtern gewesen, die ich nicht vergessen werde.

Ist deswegen auch diese Raupengeschichte in Ihrem Buch?

Die Raupengeschichte hat viele versteckte Botschaften. Es geht um Gefangensein in einem Kreislauf, vor allem der Armut. Es geht aber auch um Verwandlung und Veränderung. Sie ist eine Metapher für meine eigene Geschichte.

Was bedeutet das Schreiben grundsätzlich für Sie?

Seitdem ich die ersten Buchstaben schreiben konnte, haben Stift und Papier immer griffbereit gelegen. Das war oft alles, was ich hatte. Ich habe lange nur für mich geschrieben. Es war Selbsttherapie, um vieles zu ertragen, was ich erfahren habe. Ich musste es rauslassen und habe es in den Texten getan. Meine Reflexion spiegelt sich in den Sätzen wider, die ich über mein Leben geschrieben habe. Schreiben hat mich zu mir selbst geführt. Schreiben hat erst mein Leben gerettet und mir dann die Türen geöffnet. Ich tue das, was ich liebe, und kann davon leben. Ich habe Schreiben zu meinem Beruf gemacht.

Hören Sie zum Schreiben immer noch gerne Jay-Z und Samy Deluxe?

Rap war die erste Musik, die ich wirklich gefühlt habe, noch bevor ich die Sprache richtig verstanden habe. Hip-Hop begleitet meinen Weg seit über zwanzig Jahren. Das hat mit Jay-Z angefangen. Die Reime haben mich geprägt, sie sind bestimmt auch ein großer Teil, warum ich selber schreibe. Es geht um die Reime. Für mich ist das größte Dichterkunst. Hip-Hop ist heute die Sprache der Jugend und auch für mich ist momentan Kendrick Lamar die Stimme der jungen Generation.

Wie ging Ihr Leben nach 2017 eigentlich weiter?

Ich wohne immer noch in der gleichen Wohnung. Es hat sich sehr viel getan in den letzten drei Jahren. Das Buch ist ein Spiegel-Bestseller. Ich stehe vor Kameras und sitze im Fernsehen in Talkshows oder bei Radiosendern, um aus meinen Leben zu erzählen. Ich bin unterwegs durch das ganze Land auf Lesetour. Heute sitze ich auf Bühnen vor hunderten Menschen, die gekommen sind, um mir zuzuhören. Darum war es unumgänglich, den Lehrerjob aufzugeben. Dafür lese ich jetzt an so vielen verschiedenen Schulen und erreiche noch mehr junge Menschen als mit meiner Arbeit in einer Klasse. Außerdem wollte ich immer etwas für die Straße zurückgeben. Ich hatte schon an den Tagen, als ich mich noch selbst für Dreck gehalten habe, die Idee gehabt, einen Bus auf die Straße zu bringen, wo sich obdachlose Menschen duschen können. Das hat mir meistens gefehlt. Inzwischen ist dieser Traum wahr geworden. Zusammen mit Freund_innen haben wir das gemeinnützige Unternehmen GoBanyo gegründet. Seit einem Jahr fährt so ein Duschbus durch Hamburg, es haben bereits über 4000 Menschen bei uns geduscht, die sonst nicht wüssten, wohin.

Was können wir alle tun, um zu helfen?

Wir können alles tun. Das ist eine Entscheidung. Ich habe mich entschieden, nicht wegzusehen. Ich versuche zu helfen, wo ich kann. Ich habe dadurch viel gelernt. So, wie ich mich verhalte, werden sich andere um mich herum verhalten. So, wie ich handele, werden meine Mitmenschen handeln. Alles, was ich tue, strahlt in meine Umwelt und mein Umfeld aus. Wir wissen nie, wen oder was wir damit beeinflussen. Eine andere Sache ist, dass selbst kleine Gesten Großes bewirken können. Ein Lachen kostet nichts und kann für einen Menschen, der sonst nur verachtend angeguckt wird oder herabwürdigende Blicke kassiert, der schönste Moment des Tages sein. Geht jemand seinen Tag noch einmal im Kopf durch und überlegt, ob es sich lohnt, weiterzumachen oder dem Leid eine Ende zu bereiten, erinnert sich dieser Mensch womöglich an die Gesichter, die ihn angelächelt haben. Es wert zu sein, angelacht zu werden, kann den Funken Hoffnung geben, der einen Menschen nicht ganz aufgeben lässt.

Was kann oder muss Politik tun?

Die Politik muss sich verändern. Ich kann das nicht mehr hören, wie Menschen den ersten Artikel des Grundgesetzes rezitieren. Das ist einfach nur ein Satz. Wir müssen Taten sprechen lassen. Wohnen und Waschen, Wasser müssen zu Menschenrechten werden. Das Housing-First-Konzept kann Obdachlosigkeit beenden. Es gibt Lösungen. Wir müssen jetzt neue Wege gehen. So, wie es bisher gelaufen ist, ist nichts besser geworden. Es landen immer mehr Menschen auf den Straßen. Fangen wir jetzt damit an, können wir in den nächsten zehn Jahren Obdachlosigkeit in Europa beenden.

Als ehemaliger Lehrer: Was muss sich in unseren Schulen ändern?

Ich weiß nicht, ob ich ein richtiger Kritiker bin. Ich kann nur von mir erzählen. Was ich über mich und meine Schullaufbahn sicher weiß. Es hat nie etwas gebracht, mich zu disziplinieren, zu bestrafen oder zu tadeln. Solche Kritik hat mich getroffen. Ich habe mich oft missverstanden gefühlt. Das hat immer mehr zu einer Antihaltung geführt. Da gab es aber auch die Lehrer, die versucht haben, mir ohne Wertung das Richtige mit auf den Weg zu geben, die gesehen haben, was ich konnte, und die mich auch mal gelobt haben, wenn ich was Gutes gemacht habe. Das hat mir gezeigt, dass etwas in mir steckt, und mir Mut gemacht. Ich werde nie meinen Deutschlehrer vergessen, der, als wir eine Reihe von Gedichten abgeben sollten, zu mir meinte, die seien besonders gut und ich sollte unbedingt weiter am Schreiben dranbleiben. Das hat mich motiviert und siehe da, es hat ganz gut funktioniert. Ich glaube, das ist der richtige Weg.

Warum sollten Schüler_innen Ihr Buch lesen?

Als Erstes denke ich, es ist zeitgemäß. Ich hätte mir zu meiner Schulzeit gewünscht, so ein Buch zu lesen. Ich denke, viele Jugendliche können einen Bezug zu gewissen Themen finden, auch wenn ihre eigene Situation ganz verschieden von meiner ist. Das Bedürfnis zum Beispiel, gesehen zu werden und dazuzugehören, teilen wir alle. Ich hoffe, dass Schüler_innen dieses Buch nicht nur einmal im Unterricht gerne lesen, sondern immer wieder reinschauen, denn im besten Fall haben habe ich hiermit etwas hinterlassen, woraus junge Menschen etwas für ihr Leben lernen und etwas Wahres in den Worten finden.

Herr Bloh, vielen Dank für das Gespräch.

Interview: Dr. Peter Schallmayer, Dezember 2020

FIGURENKONSTELLATION

i.3

Die Figuren sind rund um die treibende Kraft des Geschehens, dem Protagonisten, angeordnet. Die Schriftgröße gibt ihre (diskutable) Bedeutung für den Protagonisten wieder.

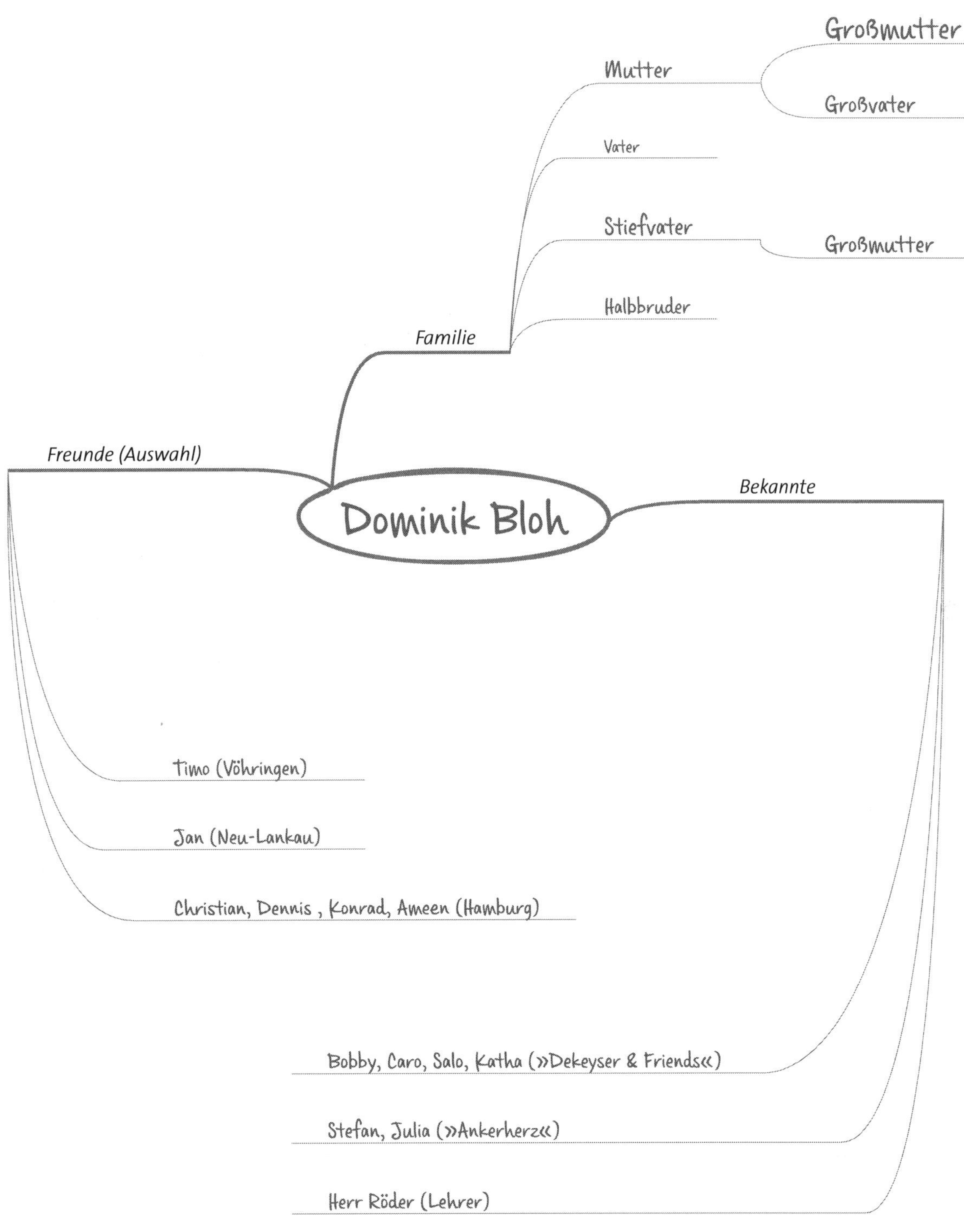

TABELLARISCHE KAPITELÜBERSICHT

Kap.	Seite	Erzähltes Geschehen (fett: die Kapitelüberschriften)
	5	[Motto]
	7	[Inhaltsverzeichnis]
	9–11	[Vorwort]
1	12–13	**Hamburg-Eimsbüttel, 2017.** Dominik Bloh sitzt in seiner ersten eigenen Wohnung und beginnt seine Lebensgeschichte aufzuschreiben.
	14–15	**Hamburg-Barmbek, 2005.** Bloh wird von seiner Mutter vor die Tür gesetzt. Sein Straßenleben beginnt.
	15–16	**Neu-Ulm, 1988.** Bloh kommt am 24. Juni zur Welt, sein Halbbruder zwei Jahre später. Sie ziehen innerhalb der Stadt um, wachsen aber bei ihren Großeltern mütterlicherseits in der Marienstraße 8 in Vöhringen auf.
	17–19	**Vöhringen, 1994.** Die Familie zieht in die Falkenstraße in Vöhringen. Bloh besucht dort die Grundschule und kommt zum Ballsport.
	19–28	**Neu-Lankau, 1996.** Die Familie zieht erneut um, dieses Mal zur Großmutter stiefväterlicherseits in Neu-Lankau, Schleswig-Holstein. Bloh fährt mit dem Bus zur Grundschule in Nusse und mit der Familie zu den Zeugen Jehovas in Ratzeburg. Er wird von seinem Stiefvater geschlagen und begleitet ihn zu seinen Liebschaften.
	28–29	**Hamburg-Winterhude, 1998.** Blohs Mutter verschwindet ein halbes Jahr lang, bevor sie ihre Söhne nach Hamburg nachholt. Bloh kommt auf die Alsterdorfer Grundschule.
	30–51	Bloh wechselt auf die Heinrich-Hertz-Realschule, schreibt sehr gute Noten und spielt sehr gut **Fußball**. Seine **Mutter** wird alkoholsüchtig, beginnt sich zu ritzen und wird in die Psychiatrie des Universitätsklinikums Eppendorf eingewiesen; immer öfter kommt Bloh zu spät zur Schule. **Falsche Idole** bringen ihn dazu, Geld von seiner Mutter und CDs in Elektromärkten zu stehlen, bis er schließlich geschnappt wird. Doch Bloh sieht sich weiter als **Gangster** und gründet eine Gang, die andere in Steilshoop überfällt. Auf den Stellen seiner Neurodermitis und Schuppenflechte lässt er sich jetzt **Tattoos** stechen; durch Medikamente verändert sich sein Körper. Bloh entwendet seinem Stiefvater eines Tages Gras und startet als **Dealer** durch; die achte Klasse muss er wiederholen. Die Polizei erwischt ihn beim Dealen und nimmt im Polizeipräsidium Alsterdorf seine **Fingerabdrücke**; nach der Heinrich-Hertz-Schule fliegt Bloh jetzt auch von der Meerwein-Schule.
	52–54	**Hamburg-Alsterdorf, 2003.** Bloh zieht zu seinem Stiefvater in die Saarlandstraße, von wo er täglich zur Sengelmannschule in Alsterdorf pendelt. Wiederholt wird er von seinem Stiefvater geschlagen.
	54–57	**Vöhringen, 2003.** Bloh zieht zu seinen Großeltern und geht dort zur Uli-Wieland-Hauptschule. Über eine Klassenfahrt nach Berlin und ein Basketball-Turnier findet er langsam Anschluss.
	58–75	Bloh schafft den **Hauptschulabschluss** dank seines Großvaters. Seine **Oma** erkrankt indes an Krebs und wird im Krankenhaus in Memmingen behandelt; sie stirbt nach einem Urlaub in Müritz am 10. Oktober 2004, weswegen Bloh zu seiner Mutter zurückzieht und auf die Fraenkelschule in Barmbek wechselt; am 5. Februar 2005 setzt ihn seine Mutter jedoch unvermittelt vor die Tür. Bloh sucht erst in der Fuhlsbüttler Straße, dann im Stadtpark einen **Schlafplatz.** Schließlich darf er für zwei Wochen in einem Gartenhaus im **Schrebergarten** Alsterdorf bleiben. Einen toten Vogel begräbt Bloh im Papier eines **Big Mac**. Ansonsten verbringt er die Tage zunehmend mit **Routine**: Schule, Essen bei Freunden, Waschen im Schwimmbad, Basketballspielen, Herumfahren mit der S-Bahn, Essen bei McDonald's am Hauptbahnhof, Herumfahren mit dem Nachtbus, Aufwärmen in Waschsalons und Zähneputzen wieder in der Schule. Bei Freunden und Bekannten fühlt sich Bloh zunehmend **fehl am Platz**.
	75–76	**Hamburg-Wilhelmsburg, 2006.** Bloh kann nicht im Heim in der Feuerbergstraße bleiben. Er beantragt Hilfe vom Staat.
	76–79	Bloh kommt in einer betreuten Wohngruppe unter und denkt über unterschiedliche **Väter** nach, seinen fürsorglichen Großvater, seinen gewalttätigen Stiefvater und den gleichgültigen ‚Vater Staat'.
	79–82	**Hamburg-Berne, 2006.** Bloh erhält vom Staat eine verfallene Wohnung in der Bekassinenau. Von dort pendelt er zur W4-Gesundheitsschule in Wilhelmsburg.
	82–83	Bloh hat das nächste **Level geschafft**, er macht den Realschulabschluss.

Kap.	Seite	Erzähltes Geschehen (fett: die Kapitelüberschriften)
	83–87	**Hamburg-Eimsbüttel, 2008.** Bloh zieht in eine WG im Weckmannweg 9 und hat eine gute Zeit mit seinen Mitbewohnern. Er nimmt einen Job beim Sicherheitsdienst an, verschuldet sich aber immer mehr und fliegt schließlich aus der Wohnung.
	87–89	Blohs **Konto** wird gesperrt und dann gelöscht.
	89–94	**Hamburg-Steilshoop, 2010.** Bloh zieht in eine andere WG in der Steilshooper Straße 221. Er verliert seinen Job und wird von Gläubigern sowie der Polizei besucht. Wieder muss er ausziehen, findet aber vorübergehend ein anderes Zimmer.
	94–96	Bloh schafft das Abitur und nimmt an einem **Hip-Hop**-Workshop mit Rapper Sammy Deluxe teil; er ist sogar backstage mit ihm auf dem Splash Festival. Dann wiederum sammelt Bloh **Flaschen**, um sie im Real am Berliner Tor abzugeben. Drei Monate lang arbeitet er in einer **Spielhalle**.
	101–111	**Hamburg-St. Pauli, 2011.** Bloh wechselt den Job und wird Türsteher für die „Rote Laterne“ am Hans-Albers-Platz. Er ist sehr erfolgreich und steigt rasch auf, verlässt den Kiez jedoch vor dem Absturz in die Alkoholsucht.
2	113–147	Bloh gerät in die Mühlen der **Bürokratie**, als er einen Personalausweis beantragen will. Mit dem Willen, irgendwie zu **überleben**, läuft Bloh durch die Stadt, von der Reeperbahn über St. Pauli, das Heiligengeistfeld, das Millerntor-Stadion, das Dammtor, den Jungfernstieg zum Hauptbahnhof. Seinen Besitz trägt er in einer einzigen Tasche bei sich. Nachts versucht Bloh im McDonald's am Hauptbahnhof der **Kälte** zu entkommen und morgens in den Waschsalons. Daneben versucht er sich regelmäßig im Schwimmbad zu **waschen**. Seine **Hygiene** leidet dennoch und Bloh bekommt eine Entzündung der Ohrspeicheldrüse. Mit **Betteln** vor einer Bank, vor einem Supermarkt und auf der Straße versucht er an Geld zu kommen. Trotzdem ist ‚**gefundenes Fressen**‘ in Fastfood-Restaurants, Supermarkt-Containern und Mülleimern, neben Suppen an der Ausgabestelle und Beeren im Park, seine wichtigste Nahrungsquelle. Zugang zu Trinkwasser hat Bloh indes am S-Bahnhof Reeperbahn, doch gerade im Sommer vermisst er vor allem **unter Menschen** zu sein. Dann wiederum wird Bloh Zeuge von **Gewalt** etwa gegenüber der Obdachlosen Eva, die unter der Schanzenbrücke lebt und dort von jungen Männern angegriffen wird. Eine kurze Verschnaufpause gewähren ihm die „**Engel** in den Straßen“ mit Ständen für Obdachlose in der Innenstadt. Inzwischen hat Bloh sich zudem darauf verlegt, Hehlerware auf dem **Steindamm** zu verkaufen, wo er auch Drogenmissbrauch und Prostitution beobachtet. Der neuerliche Winter setzt ihm dermaßen zu, dass auch das **Winternotprogramm** zu spät kommt und Bloh in einem Schlafcontainer ohnmächtig wird.
	148–149	[Liedtext]
3	153–155	**Hamburg-Altona/St. Pauli, 2012.** Bloh lässt sich im Park an der Elbe nieder, zwischen Pinnasberg und Hafenstraße. Er verbringt die Zeit mit Lesen.
	155–158	Bloh denkt darüber nach, was er alles auf der Straße gelernt hat. ‚**Der Prophet**‘ bringt ihm schließlich das Wichtigste bei, sich an kleinen Dingen zu erfreuen.
	158–163	**Hamburg-Karoviertel, 2015.** Bloh arbeitet für die Kleiderkammer in den Messehallen am Tschaikowski-Platz. Er schläft im Büro des Hallenmeisters und wäscht sich in der großen Halle.
	164–169	Bloh freundet sich mit dem Geflüchteten **Ameen** an und verbringt die Zeit mit weiteren Geflüchteten in Halle B6; immer wieder erlebt er dort auch den Ausbruch von Gewalt. Von der Messe zieht Bloh später in eine **WG** am Berliner Tor. Er hilft dem Verein **Hanseatic Help,** im Karoviertel einen Secondhand-Laden für die untauglicheren Kleiderspenden einzurichten.
	174–175	**Hamburg-St. Pauli, 2015.** Bloh besucht die Weihnachtsfeier des Vereins in den Fanräumen des Millerntorstadions, später auch die Feier des Fernsehkochs Tim Mälzer im Restaurant „Bullerei“. Dort werden Mitarbeiter der Stiftung „Dekeyser & Friends“ auf ihn aufmerksam und überreichen ihm am 1. April die Schlüssel zu einer eigenen Wohnung.
	175–178	Bloh leistet **Hilfe für einen Fremden** und arbeitet als **Spüler** bei einem Event in der Hafencity. An einer Tankstelle begegnet er zufällig dem Rapper Bonez, den er zu Zeiten seiner Gang „**187**“ kennengelernt hatte; beide tragen jetzt denselben Pullover.
	183	**Hamburg-Hammerbrook, 2017.** Bloh wechselt ans Bildungszentrum Grone und arbeitet dort als Lehrkraft für das Programm „HASA“ (Hauptschulabschluss).
	184–187	Bloh betrachtet seine neue Arbeit als **Abschluss und Anfang**, genießt **die ganz normalen Dinge**.
	188	[Fabeltext]
	189	[Danksagung]
	190–191	[Nachwort]

Weiterführende Literaturhinweise

Thematisch verwandte Jugendromane

- James Proimos: **12 things to do before you crash and burn.** Weinheim/Basel: Beltz & Gelberg, 2015.
  Nur Hercules traut sich auf der Trauerfeier auszusprechen, was sein Vater wirklich war: ein Arsch. Zur Strafe muss er zu seinem Onkel reisen und erhält eine Liste mit 12 Aufgaben. Aber Hercules hat ganz anderes vor: Er will die »Schöne fremde unerreichbare Frau« aus dem Zug wiederfinden. Während er sie sucht, erledigen sich seine Aufgaben fast wie von selbst ...
  Ein Buch zum Thema Familienkonflikte.
- Steven Herrick: **Wir beide wussten, es war was passiert.** Weinheim/Basel: Beltz & Gelberg, 2019.
  Das ist die Geschichte von Billy, einem Ausreißer und Taugenichts, der nichts hat und nichts will, außer seiner Freiheit. Es ist die Geschichte von Caitlin, einer Tochter aus reichem Haus, die gegen ihren Vater rebelliert und in die sich Billy verliebt. Und es ist die Geschichte von Old Bill, einem alten Trinker, der in einem Güterbahnwaggon lebt und dem Billy und Caitlin eine goldene Zukunft bescheren ...
  Ein Buch zum Thema Obdachlosigkeit.
- Andrea Badey und Claudia Kühn: **Strom auf der Tapete.** Weinheim/Basel: Beltz & Gelberg, 2018.
  Ron Robert hat keinen Plan. Das ist sein Plan. Und er hat ein altes Foto aus der Küchenschublade. Deswegen fahren er und die geheimnisvolle Clara mit dem Schneewittchen zur Wahl der Oderbruchkönigin in ein gottverlassenes Dorf an der polnischen Grenze. Weil Ron Robert wissen will, wer sein Vater ist und damit sich die Wölfe endlich vom Acker machen ...
  Ein Buch zum Thema Sozialkritik.

Sachliteratur und Medien für Jugendliche

- Uta Keseling und Reto Klar: **Unsichtbar. Vom Leben auf der Straße. Obdachlose im Porträt.** Ottersberg: Atelier im Bauernhaus 2014.
  Jeden Tag begegnen wir Menschen, die auf der Straße leben – doch meistens schauen wir an ihnen vorbei. Wer sind sie? Was ist ihre Geschichte? Was bedeutet es, obdachlos zu sein? Der Fotograf Reto Klar und die Autorin Uta Keseling führten im Februar 2014 Interviews mit den Gästen der Bahnhofsmission am Bahnhof Zoo in Berlin.
- **City of God.** Universal Pictures 2002.
  Wenn man in der »Cidade de Deus«, der City of God – einer der Favelas von Rio de Janeiro –, aufwächst, ist die Kindheit früh zu Ende. Was andernorts Bandenspiele sind, ist hier Bandenkrieg – mit echten Waffen. Atemlos und packend erzählt Regisseur Fernando Meirelles mit virtuosen Schnittfolgen die Geschichte von Armut und Drogen, Ehrgeiz und Gewalt aus der Perspektive derer, die sie täglich erleben.
- **Black Album.** Rock-a-Fella Records 2003.
  Album des US-amerikanischen Rappers Jay-Z.
- **Verdammtnochma.** EMI 2004.
  Album des deutschen Rappers Samy Deluxe.
- **Palmen aus Plastik.** Auf!Keinen!Fall 2016
  Album des deutschen Rappers Bonez.

Pädagogische und didaktische Literatur für Lehrer_innen

- Birgit Lattschar und Irmela Wiemann: **Schwierige Lebensthemen für Kinder in leicht verständliche Worte fassen. Schreibwerkstatt Biografiearbeit.** Weinheim: Beltz 2019.
  Dieser Band ist eine Fundgrube für alle, die mit Kindern arbeiten und leben, die von ihren Herkunftsfamilien getrennt leben. Die Autorinnen leiten konkret an, wie Sachverhalte präzise erklärt werden können. Und sie begründen, wann, warum und wie ein Kind mit schweren Fakten seiner Vorgeschichte konfrontiert werden sollte. Sie zeigen, wie für schwere Lebensereignisse – z. B. Gewalt in der Familie und andere »schwierige Wahrheiten« – angemessene Worte gefunden werden können, und stellen anhand verschiedener Methoden dar, wie dies praktisch umgesetzt werden kann.

Internet-Links
(Stand: Dezember 2020)

- **https://gobanyo.org**
  Informationen über Dominik Blohs Waschbus für Obdachlose
- **https://www.winternotprogramm.de**
  Informationen zum Winternotprogramm der Stadt Hamburg
- **https://www.bagw.de/**
  Website der Bundesarbeitsgemeinschaft Wohnungslosenhilfe e. V.

Lesezeichen und Zeilometer

DOMINIK BLOH

UNTER PALMEN AUS STAHL

DIE GESCHICHTE EINES STRASSENJUNGEN

GULLIVER

Dieses Lesezeichen hilft dir, einzelne Textstellen zu finden oder dich mit deinen Mitschülerinnen und Mitschülern über bestimmte Textstellen zu unterhalten: Lege dazu einfach das Zeilometer an den oberen Buchrand. Die Zahlen sind dann die jeweiligen Zeilen. Natürlich kannst du dein Zeilometer auch individuell gestalten.

What is life for me?

1. Begib dich auf Fantasiereise:
→ Schritt 1: Mache es dir auf deinem Platz bequem und schließe deine Augen.
→ Schritt 2: Höre das Lied »Blessed« von Schoolboy Q.
→ Schritt 3: Öffne deine Augen und beschreibe deine Gedanken und Gefühle.
→ Schritt 4: Erkläre, wodurch das Lied deine Gedanken und Gefühle ausgelöst hat.

Methode

Die **Fantasiereise** ist eine meditative Methode, mit der du dich entspannen und ganz persönlich auf ein Thema einlassen kannst. Sie aktiviert die Vorstellungskraft und trainiert die Konzentrationsfähigkeit. Entspannungsübungen können dir helfen, dich besser auf die Methode einzulassen: »Atme gleichmäßig ein und aus«, »Deine Arme und Beine sind jetzt ganz schwer« etc.

2. Lies das Motto des Buchs und spekuliere, um was es im Buch gehen könnte.

Das **Motto** ist ein Zitat am Anfang eines Buchs. Es kann den Titel verdeutlichen, den Inhalt zusammenfassen oder auf eine andere Künstlerin bzw. einen anderen Künstler verweisen, um deren bzw. dessen Bedeutung für das eigene Buch hervorzuheben.

3. Lies das Vorwort des Buchs und vergleiche deine Spekulationen mit dem tatsächlichen Inhalt. Welchen Schreibanlass und welche Schreibabsicht erwähnt der Autor?

Der **Schreibanlass** ist der Auslöser für die Entstehung eines Buchs und die **Schreibabsicht** das, was dieses Buch bei seinen Leserinnen und Lesern auslösen soll.

Seite	Schreibanlass	Seite	Schreibabsicht	Zielgruppe

4. Entscheide mithilfe folgenden Clusters, um welches Genre es sich handelt.

5. Schneide zu Hause das Zeilometer aus (→ **k.1**) und lege eine Lesetabelle an.

Entwirf eine kurze Definition des Genres.

Methode

Die **Lesetabelle** ist eine Methode, mit der du den Überblick über ein Buch behältst. Besorge einen Schnellhefter und erstelle eine Tabelle, in der du kapitelweise folgende Fragen beantwortest: Seiten? Wo? Wann? Wer? Was?

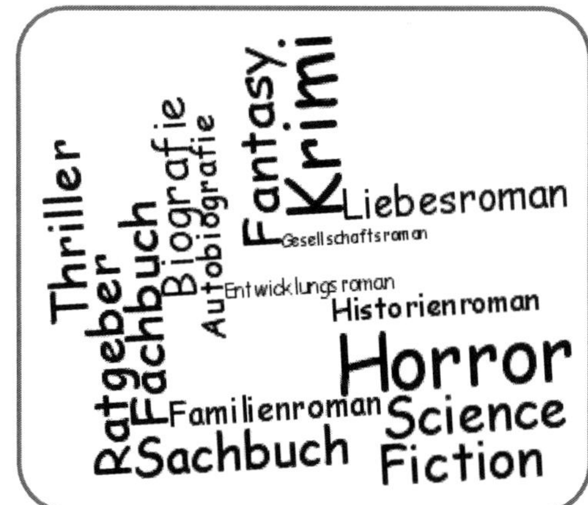

Die Geschichte eines Straßenjungen (1)

1. Lies die Seiten 13 bis 16 und fasse sie in deiner Lesetabelle zusammen.

Erkläre die Entscheidung des Protagonisten und Autors, das Buch nicht im Jahr 1988 beginnen zu lassen, sondern mit den Jahren 2017 und 2005.

2. Beschreibe den Protagonisten in einem Figureninterview. Wie wirkt er auf dich?

Du: Wie heißt du?

Er:

Du: Wann bist du geboren?

Er:

Du: Wo bist du geboren?

Er:

Du: Wer sind deine Eltern?

Er:

Du: Hast du Geschwister?

Er:

Du: Was weißt du über deine Großeltern?

Er:

Du: Welche Bedeutung hat der 5. Februar 2005?

Er:

Die Geschichte eines Straßenjungen (2)

3. Schneide folgende Kärtchen aus und konstruiere daraus eine Figurenkonstellation. Wie ist das Verhältnis zwischen dem Protagonisten und allen Figuren, wie ist es zwischen einzelnen Figuren? Trage die Figuren Björn, Bruder, Großeltern, Lehrer, Mutter, Protagonist, Stiefvater, Vater in die Figurenkonstellation ein.

Tipp: Berücksichtige neben den Beziehungen zwischen dem Protagonisten und allen Figuren auch folgende Beziehungen: Großeltern – Mutter, Mutter – Stiefvater, Stiefvater – Bruder.

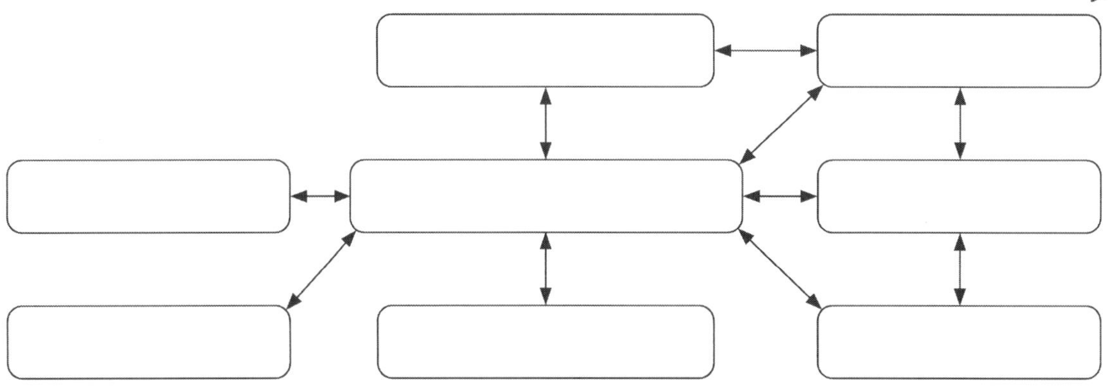

4. Entwirf einen Grundriss der Wohnung und der Einrichtung des Protagonisten.

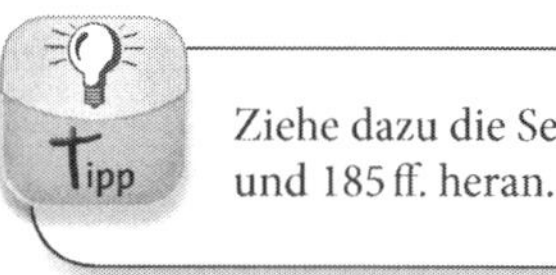

Tipp: Ziehe dazu die Seiten 13 und 185 ff. heran.

5. Lies zu Hause Kapitel 1 »Zuhause, verloren«, ergänze deine Lesetabelle und markiere alle Textstellen zur Familie.

Zuhause, verloren

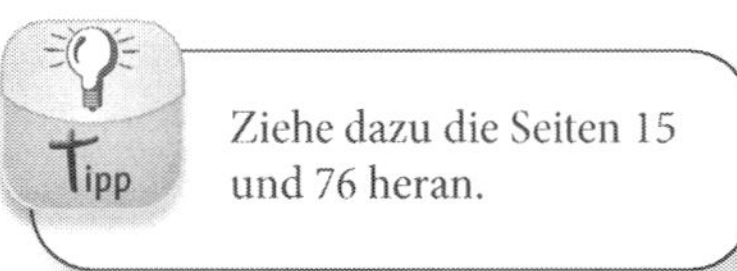

1. Berichte vom leiblichen Vater des Protagonisten. Würdest du nach ihm suchen?

Tipp: Ziehe dazu die Seiten 15 und 76 heran.

2. Ordne folgende Begriffe dem Lückentext zu. Welche Konsequenzen könnte die unbekannte Herkunft des Vaters demnach für den Protagonisten haben?

Info: Das **Motiv** ist ein erzählerischer Baustein, der auch bei anderen Autorinnen und Autoren und in anderen Werken vorkommt und eine allgemeine Erfahrung wiedergibt, hier die Erfahrung, wenig oder nichts über die eigene Herkunft zu wissen.

Begriffe: Ausgrenzung • Herkunft • Neuzeit • Pflichten • Rechte • Schaden • Selbstbewusstsein • Status • Zugehörigkeit

Herkunft, die unbekannte: Gewissheit über die ____________ einer Person ist sowohl eine Komponente von ihrem ____________ als auch von ihrem sozialen ____________. Die Gewissheit schafft ein Gefühl der ____________ und der seelischen Heimat und verleiht ____________ und ____________ in der Gesellschaft. Das Fehlen der Gewissheit verursacht psychischen ____________ und möglicherweise soziale ____________. In der ____________ kann meist nur die Herkunft väterlicherseits ungeklärt sein.

für Profis: Erläutere, wonach der Protagonist aufgrund der unbekannten Herkunft sucht. Ziehe dazu die Seiten 32 und 59 heran.

3. Vergleiche die Seiten 19 bis 28 mit den Seiten 34 bis 39. Welche familiären Probleme werden jeweils genannt und welche Konsequenzen hat das für den Protagonisten?

	»Im Reich meines Stiefvaters«	»Mutter«
Probleme		
Konsequenzen		

4. Entwirf ein Flussdiagramm, das den Weg des Protagonisten in die Kriminalität nachzeichnet.

Methode: Das **Flussdiagramm** ist eine Methode, die eine Entwicklung veranschaulicht. Kreise markieren darin den Beginn und das Ende der Entwicklung, Rechtecke die Zwischenschritte, Pfeile den zeitlichen Ablauf. Beschrifte nun also Kreise und Rechtecke mit den Straftaten des Protagonisten und die Pfeile dazwischen mit den Jahreszahlen. Ziehe dazu die Seiten 30 bis 51 heran.

5. Gestalte zu Hause eine Collage zu einem der folgenden Künstler:

- 50 Cent
- Afrob
- Bonez
- Der Wolf
- Die Fantastischen Vier
- Tupac
- Gzuz
- Jay Z
- Kendrick Lamar
- Marteria
- Samy Deluxe
- Schoolboy Q

Falsche Idole

1. Betrachte die Collagen zu den Künstlern von k.4, Aufgabe 5. Welche gefällt dir am besten?

2. Stelle die richtige Reihenfolge folgender Satzbausteine für zwei Textabschnitte fest. Wozu nennt der Protagonist die Liedtitel?

Ziehe dazu die Seiten 25 (A) und 170 (B) heran.

Nr.	Satzbausteine A	Nr.	Satzbausteine B
	»Don't speak«.		»Blessed« von Schoolboy Q und »Alright« von Kendrick Lamar.
	aber es passiert sowieso.		Auch Ameen ist hier willkommen.
	Auf der Rückfahrt gibt er mir zu verstehen,		dann wird alles gut.
	dass ich meiner Mutter besser nichts sagen sollte,		Das Leben ist ein wunderschöner Kampf.
1	Ich sitze im Wohnzimmer mit Kellogg's	1	Ich kann Ameen nicht im Camp zurücklassen.
	Im Radio läuft No Doubt:		Ich nehme ihn mit in die WG.
	Mein Stiefvater und die Frau sind nicht mit mir im Raum,		Vor dem Einschlafen hören wir immer zwei Lieder,
	sie kommen erst später zurück,		wenn wir an uns glauben,
	sonst wüsste ich ja, was passiert,		Wir schlafen jetzt zu zweit in Marcels Bett.
	und dann machen wir uns wieder auf den Weg.		Wir sind gesegnet.
	und schaue Zeichentrickserien.		Wir sind uns sicher,

Funktion der Liedtitel: ______________________________

3. Bearbeite eine der folgenden Aufgaben in deinem Heft:

A Fasse die Seiten 39 bis 42 in einer Inhaltsangabe zusammen. Was sind die negativen Auswirkungen von Hip-Hop auf den Protagonisten?

B Fasse die Seiten 94 und 95 in einer Inhaltsangabe zusammen. Was sind die positiven Auswirkungen von Hip-Hop auf den Protagonisten?

C Fasse die Seiten 180 bis 182 in einer Inhaltsangabe zusammen. Was sind die positiven Auswirkungen von Hip-Hop auf den Protagonisten?

4. Nimm mit einer Positionslinie Stellung zu folgender Streitfrage:
»Oft steht Rap, insbesondere der Gangsta-Rap, in der Kritik: Gewaltverherrlichung und Aufruf zu kriminellem Verhalten. Doch bringen die harten Inhalte Fans wirklich auf die schiefe Bahn?«

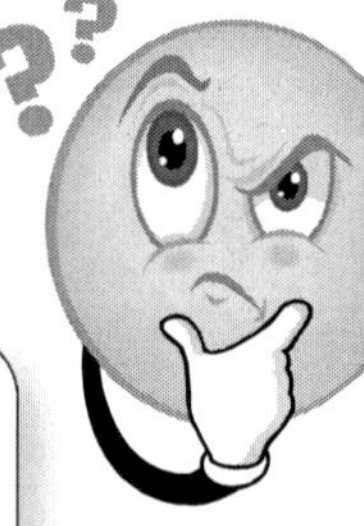

Methode

Die **Positionslinie** ist eine Methode, mit der buchstäblich ein Standpunkt eingenommen werden kann. Die Mitte des Klassenzimmers markiert die Position »Unentschieden«, an der Wand links davon ist die Position »Ja«, an der Wand rechts davon die Position »Nein«. Positioniere dich im Raum und begründe deine Position zur Streitfrage.

Straße. Unter Palmen aus Stahl

1. Berichte von den Ereignissen am 5. Februar 2005. Warum landet der Protagonist auf der Straße und wie hättest du dich verhalten?

Ziehe dazu die Seiten 14 und 15 sowie 60 bis 63 heran.

2. Stelle den Tagesablauf des Protagonisten während der ersten Phase seiner Obdachlosigkeit wie in einem Kalender dar. Warum hält er an Routine fest?

Ziehe dazu die Seiten 70 bis 72 heran.

Tageszeit	Beschäftigung
Vormittags	
Mitternachts	bei McDonald's essen

3. Rekonstruiere die nächtliche Route des Protagonisten während der zweiten Phase seiner Obdachlosigkeit auf folgender Karte. Warum bleibt er in Bewegung?

Ziehe dazu die Seiten 116 und 117 heran.

für Profis

Übertrage folgende Beschreibung des Motivs der Stadt auf das Buch: »Das Stadt-Motiv bedeutet von Beginn an eine Auseinandersetzung mit der kulturellen und zivilisatorischen Leistung des Menschen […] Die Wirkung reicht von Bewunderung bis Entsetzen […] Zum Stadt-Motiv gehört ein spöttisch-herablassend gesehenes wie ein idealisiertes Bild des Landlebens […] Die Stadt ist einen häufig durch labyrinthische Züge gekennzeichneten Handlungsraum.« (Elisabeth Frenzel: Motive der Weltliteratur. Ein Lexikon dichtungsgeschichtlicher Längsschnitte. Stuttgart 2008, S. 655)

4. Gestalte, ausgehend von den Schilderungen des Protagonisten, einen Info-Flyer zur Obdachlosigkeit. Beantworte darin folgende Fragen:

- Was bedeutet Obdachlosigkeit?
- Welche Gründe führen zur Obdachlosigkeit?
- Welchen Problemen stehen Obdachlose gegenüber?
- Welche Hilfen gewährt der Staat zur Überwindung von Obdachlosigkeit?
- Welche Vereine und Organisationen gibt es (in deiner Region)?

Ziehe dazu die Seiten 120 bis 147 heran.

5. Lies Kapitel 3 »Aus dem Schatten ins Licht«, ergänze deine Lesetabelle und markiere alle Textstellen mit Vorschlägen für eine bessere Gesellschaft.

Aus dem Schatten ins Licht

1. Zeichne den Weg des Protagonisten von der Obdachlosigkeit in die Sesshaftigkeit auf einem Zeitstrahl nach. Wie kommt er von der Straße weg? Nenne Ereignisse aus den Jahren 2012, 2015 und 2017.

Erläutere, was den Protagonisten mit den Geflüchteten und mit Ameen verbindet. Ziehe dazu die Seiten 158f., 162, 167 und 170 heran.

2. Lies die Seiten 156 und 176 und formuliere in eigenen Worten, was der Protagonist von der Gesellschaft fordert. Wozu würdest du sie auffordern?

»Der Prophet«	»Hilfe für einen Fremden«
Forderung 1:	Forderung 2:

3. Lies die folgenden Textstellen im Buch. Vergleiche sie miteinander. Was kritisiert der Protagonist an der Gesellschaft?

> Einen Termin im Orts- oder Bezirksamt zu bekommen – zuständig ist der Bezirk, in dem der letzte Wohnsitz gemeldet war –, ist nicht so einfach. Ein paar Klicks im Internet, aber auf der Straße ist das mit dem Internet so eine Sache. (S. 113)

> Die Supermärkte werfen Lebensmittel nicht nur in den Abfall , wenn sie verdorben sind, sondern auch, wenn sie einfach schlecht aussehen […]. Immer häufiger werden die Müllcontainer mit Scheinwerfern beleuchtet oder mit Kameras bewacht. Viele sind umzäunt. (S. 131)

> An Tagen, an denen es mir richtig schlecht geht, warte ich bis zu fünf Stunden in der Notaufnahme. Nach einer kurzen Untersuchung werde ich entlassen. Diagnose unwichtig. Für meine Arme bekomme ich Feuchtigkeitscreme und eine Bandage. (S. 125)

> Eine Gruppe kommt aus einem Club in einem noblen Stadtteil. Die Männer gehen zu einer Gruppe, die in einem Hauseingang schläft. Sie pissen auf die Schlafenden, und als diese empört aufschrecken, treten sie sie zusammen. Nichts davon steht in der Zeitung. (S. 136)

4. Verfasse eine Stellungnahme zu einer der folgenden Fragen:

- »Wie wäre es, wenn man das Essen nicht wegwirft, sondern an eine wohltätige Organisation weitergibt, die es austeilt?« (S. 179)
- Wie wäre es, wenn man nicht diejenigen bestraft, die Lebensmittel aus Containern nehmen, sondern diejenigen, die Lebensmittel in die Container werfen?«

Einige Argumente dazu findest du im Internet auf: www.mopo.de/hamburg/meinung/urteil-zum-containern-kommentar--ihr-bestraft-die-falschen--37213542 (Stand: Dezember 2020).

5. Lies die Seiten 188 bis 191 und ergänze deine Lesetabelle.

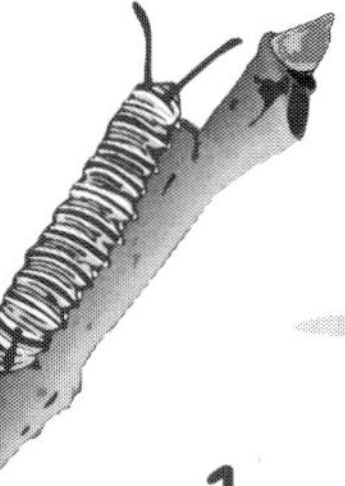

Die Raupe wächst alleine auf

1. Verbinde folgende Zitate mit dem richtigen Begriff. Was könnte der Grund sein, dass der Protagonist verschiedene Textsorten verwendet?

Zitat	Textsorte
1. »Alles gut?« Lachen. »Ja. Bei dir?« (S. 73)	a) Autobiografie
2. 20 Jahre Pleiten und Krisen / Bis zum Hals in den Miesen. (S. 84)	b) Dialog
3. Die Raupe wächst alleine auf. (S. 188)	c) E-Mail
4. Du hörst gefälligst auf uns, weil wir dich ernähren. (S. 26)	d) Fabel
5. Hey Dominik, Geht's gut? (S. 180)	e) Hörspiel
6. Karl: »Scheinen ziemlich zäh zu sein, diese Penner.« (S. 139)	f) Liedtext
7. Mein Name ist Dominik Bloh. (S. 13)	g) Protokoll
8. Wissen ist Macht. / Wissen gibt Kraft. (S. 148)	h) Rap

2. Stelle anhand folgender Textstellen fest, was das Schreiben dem Protagonisten bedeutet.

Seite	Bedeutung des Schreibens
72	
77	
80	
95	
119	

3. Markiere auf den Seiten 153 bis 155, was Schreiben und Lesen beim Protagonisten bewirken. Was könnten die »Palmen aus Stahl« dabei symbolisieren?

4. Interpretiere die Fabel auf der Seite 188. Wofür könnten Raupe und Schmetterling stehen?

Tipp

Die **Fabel** ist eine kurze Erzählung, die sich in die drei Teile Problem, Lösungsweg und Lösung gliedern lässt und eine Lehre beinhaltet. Fabeltiere verkörpern drin menschliche Eigenschaften und befinden sich oft im Gegensatz zueinander oder im Wettstreit miteinander, wobei am Ende der Stärkere, Schlauere, Schönere etc. gewinnt. Gliedere die Fabel zunächst in drei Teile. Beschreibe dann die Merkmale der Fabeltiere und übertrage sie auf menschliche Eigenschaften. Leite aus der Fabel schließlich eine Lehre ab.

für Profis

Analysiere die Fabel hinsichtlich ihrer sprachlichen Gestaltung. Findest du eine Metapher (Übertragung einer Situation auf eine andere), einen Vergleich (Gegenüberstellung zweier Dinge) und ein Symbol (Veranschaulichung von etwas Abstraktem)?

Lösungsvorschläge

2. aus dem Rucksack leben, jede Nacht einen neuen Schlafplatz suchen: Obdachlosigkeit, Flucht etc.

3. **Schreibanlass:** Obdachlosigkeit (S. 9), Ankerherz/Blog (S. 11); **Schreibabsicht:** Antworten (S. 9, 11), Bewältigung (S. 11), Mutmachen (S. 11); **Zielgruppe:** Fragesteller (S. 11), »Menschen, denen es nicht so gut geht« (S. 11)

4. Autobiografie
PROFI: Ein Autor schildert sein eigenes Leben in einem Buch. Die Ereignisse sind wahr. Der Schwerpunkt liegt auf Teilaspekten.

1. → i.4/Tabellarische Kapitelübersicht
PROFI: Zurückgehen in die Vergangenheit, Annähern an den Schmerz etc.

2. Dominik Bloh, 24.06.1988, Neu-Ulm, Mutter (Krankenschwester), Vater (abgehauen), Bruder, Großeltern wie Ersatzeltern (Kinderzimmer, Kinderwagen, Auto), Rauswurf (Beginn des Straßenlebens)

3. → u.3/Figuren

4. 20 Quadratmeter, Bad, Küche (Müllsäcke, Staubsauger, Wischmopp, Schränke, Kühlschrank, Backofen), Wohn-/Schlafzimmer (Tisch, Matratze, Nike-Tasche, Ikea-Regal, Sofa, Spiegel), Balkon (Lebensmittel: Pizza, Brot, Eierwaffeln)

1. → u.3/Figuren

2. *Herkunft, die unbekannte*: Gewissheit über die Herkunft einer Person ist sowohl eine Komponente von ihrem Selbstbewusstsein als auch von ihrem sozialen Status. Die Gewissheit schafft ein Gefühl der Zugehörigkeit und der seelischen Heimat und verleiht Rechte und Pflichten in der Gesellschaft. Das Fehlen der Gewissheit verursacht psychischen Schaden und möglicherweise soziale Ausgrenzung. In der Neuzeit kann meist nur die Herkunft väterlicherseits ungeklärt sein. Konsequenzen: fehlendes Selbstbewusstsein, Ausgrenzung, Status »MiMiMi« etc.
PROFI: Streben nach Anerkennung bei Mutter und Großvater

3. → u.3/Motive

4. »Falsche Idole«: Diebstahl (Opfer: Großmutter, Mutter, Elektromärkte), »Gangster«: Körperverletzung (Opfer: Junge, Cliquen, Stiefvater), »Dealer«: Drogenhandel (Opfer: Schülerinnen und Schüler), insgesamt: »Aus kleinen Delikten ist organisierte Kriminalität geworden« (S. 51)

2. 11, 9, 6, 7, 1, 10, 3, 4, 8, 5, 2 | 6, 3, 11, 8, 1, 2, 5, 10, 4, 7, 9; Funktion: Kommentar zur Situation

3. Hip-Hop als Schule, Diebstahl, Leben hinter Gittern; Kindheitserinnerung, Identifikation, Mode-Vorbild, Selbstvertrauen, Genuss; Teamgeist, Sprache der Jugend

1. Rauswurf

2. Vormittags zur Schule gehen, mittags bei Freunden essen, nachmittags im Schwimmbad waschen, spätnachmittags Basketball spielen, abends mit der S-Bahn herumfahren, mitternachts bei McDonald's essen, nachts mit dem Nachtbus herumfahren, frühmorgens in Waschsalons aufwärmen, morgens Zähne in der Schule putzen; **Routine:** Stückchen Normalität, Zeitvertreib

3. Reeperbahn, Millerntor, Dammtor, Jungfernstieg, Hauptbahnhof: Bewegung: kein Schlafplatz, Unruhe, Ablenkung vom Hunger
PROFI: → u.3/Figuren

4. → u.3/Themen, → u.4/Deutungsperspektiven

1. → u.4/Tabellarische Kapitelübersicht
PROFI: Ungewissheit, Orientierungslosigkeit, Frust, Enttäuschung, Ignoranz, Armut, Gewalt, Mumienposition

2. → u.3/Themen

3. → u.3/Themen

1. 1b, 2h, 3d, 4g, 5c, 6e, 7a, 8f; Funktion: Authentizität, Echtheit, Glaubwürdigkeit, Lesereiz etc.

2. → u.3/Motive

3. → u.3/Themen, → u.3/Stilmittel

4. Teil 1: Raupe, Teil 2: Schmetterling, Teil 3: Raupe und Schmetterling (Syllogismus); **Raupe:** allein, einsam, unsichtbar, gefangen/Bloh in der Vergangenheit; **Schmetterling:** sichtbar, frei/Bloh in der Zukunft; **Lehre:** »Sie sind ein und dasselbe«/Hoffnung, Verheißung, Geduld etc.
PROFI: → u.3/Stilmittel